対話流

未来を生みだすコミュニケーション

清宮 普美代＋北川 達夫

三省堂

己の欲するところを人に施すことなかれ。
嗜みは各々異なれり。

ジョージ・バーナード・ショウ

Do not do unto others as you would that
they should do unto you.
Their tastes may not be the same.

George Bernard Shaw

目次

第1部 問うことから始まる

第2部　対話思考のトレーニング

第3部 対話の世紀

清宮普美代

◉せいみや・ふみよ

組織開発デザイナー・マスターALコーチ
株式会社ラーニングデザインセンター代表取締役

東京都品川区の生まれ。東京女子大学文理学部心理学科を卒業後、(株) 毎日コミュニケーションズに就職、インターネット就職サイトなどの責任者として数々の新規プロジェクトを立ち上げる。1998年、同社退社、渡米。ジョージワシントン大学大学院にて、人と組織の開発手法アクションラーニング(AL)の日本組織導入について研究を重ねる。同大学院人材開発学修士号取得。

帰国後、外資系金融機関の人事責任者を経て、2003年、(株) ラーニングデザインセンターを設立。経営幹部、マネージャー層を対象とした人材開発プログラムの設計、導入を通して、企業内に対話を生み出す相互学習の場を提供している。中核人材となる認定ALコーチは、2009年6月現在300人以上に及ぶ。NPO法人日本アクションラーニング協会代表。南山大学大学院人間文化研究科非常勤講師。

著書に、『質問会議 なぜ質問だけの会議で生産性が上がるのか?』(PHP研究所 2008)、『「チーム脳」のつくり方 成果を上げつづけるリーダーの仕事術』(WAVE出版 2009)、訳書に、マイケル・J・マーコード著『実践アクションラーニング入門』(ダイヤモンド社 2004)などがある。

＊株式会社ラーニングデザインセンター
http://www.ldcjp.com/
E-mail : info@ldcjp.com
＊NPO法人日本アクションラーニング協会
http://www.jial.or.jp/

北川達夫◉きたがわ・たつお
元外交官・教材作家
日本教育大学院大学客員教授

東京都国立市の生まれ。高校生の時に儒家の拝師門徒となり、四書五経などを北京・上海・台北などを巡りつつ6年かけて学ぶ。文武兼修として武芸十八般を修める。早稲田大学法学部卒業後、外務省入省。ヘルシンキ大学歴史言語学部に学び、フィンランド専門官として養成される。在フィンランド日本国大使館在勤（1991～1998年）。在エストニア日本国大使館兼勤。

帰朝後に退官したのち、英語・フランス語・中国語・フィンランド語などの通訳・翻訳家として活動しつつ、フィンランドで母語・文学科の教科教育法と教材作法を学ぶ。日本とフィンランドをはじめ、旧中欧・東欧各国の教科書・教材制作に携わるとともに、国内の学校では、グローバル・スタンダードの言語教育を指導している。財団法人 文字・活字文化推進機構調査研究委員。

著書に、『知的英語の習得術』（学習研究社2003）、『「論理力」がカンタンに身につく本』（大和出版2004）、『図解フィンランド・メソッド入門』（経済界2005）、『知的英語センスが身につく名文音読』（学習研究社2005）、『小学生100冊読書日記』（経済界2006）、『ニッポンには対話がない 学びとコミュニケーションの再生』＊平田オリザとの対談（三省堂2008）、編訳書に、『フィンランド国語教科書』＊シリーズ（経済界2005～2008）など。

装丁・レイアウト◎臼井弘志（臼井デザイン事務所）
写真撮影◎塩澤秀樹
編集協力◎桜井千穂／西元康雅／川尻さおり
校正◎阿里／宮長夕紀
構成◎石戸谷直紀

第1部

問うことから始まる

第1章 質問をデザインする

質問だけの会議

北川　清宮さんが提唱されている「質問会議」というものは、すでにその定義だけでずいぶん衝撃的に思えます。会議というのは、報告をしたり、意見を出して話し合ったりする場であるというのが一般的な受け止めだと思いますが、その意見や報告を封印して質問だけで行うというのですから。

質問だけで会議をする意味、それにはどういう効用があるのか、そもそも、なぜそういうことが必要なのかなどについて教えてください。

清宮　「質問会議」と私たちが言っているのは、伝達会議や指示命令だけの会議も含めて、通常の会議体とは違う意味合いの会議体です。質問によって、会議のメンバーがみんなでいっしょに考える、同時にメンバーのモチベーションを高めていくためのものなんです。質問はあるけれども、そこにはあらかじめ用意された答えはないという会議です。「答えのない会議」によって、企業内のコミュニケーションの場を再設計する、そういうツールだとも言えます。

以前の日本企業は、コミュニケーションの場やインフォーマル（非公式）のつながりの設計が暗黙のうちになされていました。例えば、それはアフターファイブの「飲みニケーション」だったり、あるいは、運動会や社員旅行だったりしたわけですが、いまでは多くの職場でなくなってしまいました。また、大部屋の仕事場で電話でやりとりをしていると、ほかの人の仕事の内容も自然と聞こえてくるので、情報も共有しやすく、共感というものも成立しやすかった。けれども、業務範囲も追いつかないくらい広くなり、しかも、メールでのやりとりなどで個々人がきわめて閉鎖的に仕事を進めているという現在の状況では、非公式だけれど重要な情報のやりとりや、意識共有の機会が明らかに減ってきています。

働く形態が変化して、コミュニケーションの場が昔と違うものになっている状態のなかで、それに代わるものを、インフォーマルではなく、フォーマルなかたちで産み出そうというのが「質問会議」の骨子、趣旨です。*1

北川　まず質問することによってみんなでいっしょに考えるという要素と、答えがないという要素があるわけですね。考えるといっても、一般的には、質問された時にその答えを持っている人がそれに答えればいいわけでしょう。とくに会議の場合にはそういうイメージがあります。質問というものと、いっしょに考える、あるいは、答えがないということとは、ストレートには結びつかないように思えるのですが、そのあたりについてはいかがですか。

清宮　通常の会議で行うような、自分に向かって他の人から発せられた質問に自分が答えるという「他問自答」や、こちらがだれかに質問してその人が答える「自問他答」だけではなくて、「質問会議」におけるコミュニケーションの実態としては、「自問自答」や「他問他答」というものが多く出てくるんです。とくに、「自問自答」「他問他答」は、答えがない時、答えをみんなでいっしょに考えていく時に生じるものです。

最も特徴的であるのが「他問他答」で、これは私たちが「チーム脳状態」と

*1 ▶［コラム　質問会議のポイント］ P.74

言ったり、「I think から We think へ」と表現したりしているところなのですが、要するに、みんなで問いを共有化して、自分の問題としていっしょに考えるんですね。そうすると、そのことによって、メンバー全員の脳がつながりを持って動き出して、そこで発想がぱっと広がるんです。「質問が他の人の思考のスイッチを入れる」という言い方もしています。スイッチが入ってメンバー間で思考の共鳴が生まれる、そういう質問が「質問会議」ではグッドクエスチョンなのですが、これが実際に会議のなかで出てくるわけなんです。

モチベーションの上がらない質問

清宮　とくに上司やリーダーの質問というのは、実は彼ら自身のなかにすでに答えがあって、それをあえて部下やメンバーに問うようなものが多いんですね。でも、そういう質問は、「問い」ではなく「意見」でしかありません。質問されたほうは「答え」を当てるために反応するだけで、自分の頭のなかで、振り返りや創造的な思考が生まれるということはありません。

本来、質問型のコミュニケーションを行うと、相手が自分のことを気遣っている感じがして、親密さが増したり、自分ごととして当事者意識を持って課題

“I thinkからWe think”へ。

一つの質問を全員が“自分の問題”として考えることによって、メンバー間で思考の共鳴が生まれる。

そこで発想が飛躍的に広がる。

を捉え直すきっかけになるものなのですが、このような、意見が問いの形をつくろったような質問では、人のモチベーションを上げることはできません。逆にやる気がそがれてしまいます。ですから、あえて、答えを持たずに質問をし合うなかで、チーム思考を活性化させていくんですね。

正解のない時代

清宮 そもそも、いまビジネスの世界では、もはや正解というものはないんだと言われています。いまお話しした、上司やリーダーによって用意されている答えにしてみても、実際には過去の経験や知識に基づいた「正解」でしかない場合もあるんです。

大量生産時代は、高品質のものを安価に提供すれば売れるとか、こうやったらこうなるという方程式のようなものがありました。よく「昔の部長はすごく頼りになった」と言う年配の人がいるんです。「こういうことがあって困っているんです……」と部長や課長に言えば、「それはこうしたほうがいい」という答えがすぐ返ってきましたと。それに比べて、自分も含めていまの部課長はどうなんだろうかということなんですね。

けれども、いまの世の中は変化が激しすぎて、部長や課長が持っている過去の成功実態は役に立たなくなっているんです。

例えば、ビール会社が酒屋さんにビールを売っていた時代と、現在のようにコンビニに売るのとでは、営業の人がやることは全然違います。酒屋さんからビールの在庫がないと連絡が入れば、すぐにビールを届け、力仕事で頑張って、「ああいい奴だなぁ」と言われるのが営業には大事だという、過去の成功体験は役に立ちません。コンビニでの販売が大半のいま、そんな答えは通用しない。逆に、現場では「古い正解」を振りかざされて、とても困っている状況が生まれたりしています。部長だって、自分の「痛い」状況はわかっているのですが、かといって「答え」を提示しなければ自分の存在意義がなくなるという意識で必死になっていたりするわけです。

「答えがない」という状態で、私たちはどうしていかなければならないかという時には、「問いによって問題を共有化し、みんなで考えて解をつくっていく」というコミュニケーションの場の設計が重要なんです。そのなかでの「質問会議」なんですね。

過去の経験や成功例が問題解決につながらない時代。

「何が本当の問題か」を問う

清宮　「質問会議」の仕掛けは大きく三つあります。

まず、発言を質問のかたちにするということ。

これにはコツとして、なるべく短い質問にすること、尋問や詰問にしないことなどがあります。

二つ目は、会議自体を振り返る時間をその会議のなかで設定していること。これは自分たちの会議を俯瞰して見たり、内容の伝達と同時に、メンバーの関係性を維持、促進していったりするための時間なのですが、これを入れることによって思考の深化を促すことになります。ここではとくに、リーダーの関わり方が重要になります。メンバーの振り返りをより強化させるような問いかけが必要になるところです。

三つ目は、会議を問題の共有から始めるということです。通常の会議だと、問題に対する「解決策」から入る。みんながそれぞれに解決策を頭に浮かべて、なんとか自分のものが選択されるように働きかけていますが、質問会議では、まず、全員で「真の問題は何か」を考えることから始めます。

BOOK
質問会議
なぜ質問だけの会議で生産性が上がるのか？
清宮普美代＝著
PHP研究所／2008

「問題」というものは、話し合いのなかで変わっていっていいわけなんですね。ですから、質問によってみんなで問題を再定義するところから始まるということが重要です。解決策は何かということをいきなり話すのではないということなんです。そうではなくて「真の問題は何か、本当は何に困っているのか」ということを全員で共有するところから始まる。これが仕掛けのなかでは大変重要です。

「解決策は何か」から入ってしまうと「答えは何か」を求めることになります。社会が急激に変化し、またいろいろな情報が入手できる環境では、それぞれが自分の答えを持っています。そういう状況で「答えは何か」と言われた時は、みんなで違うものを考えてしまうことが多いんですね。簡単に言うと、課長が「これが正しい」と思っていても、他の人がそう思っていないという状況が常時発生します。

しかし、それでは会議内のコミュニケーションは全然つながりません。いま私たちがビジネスのなかで必要なのは、課長が「これが正しい」と言ったことでも、みんなでいろいろな角度から考えることから始める、いわゆる、対話型のコミュニケーションをいかに促進していくのかということです。要するに、指示命令できる人がいるわけではないということがポイントになっています。

ですから、課長にしてもその他のメンバーにしても、各自が自明なものとして考えている問題・課題をそのまま前提にしないで、「本当の問題は何か」ということをいっしょに考えるプロセスを会議のなかに入れます。質問を重ねるなかで、問題を再定義して同意していく。もちろん、実際の会議では同意しなくてもいいんですよ。本当の問題は何かをみんなで考えていけばいいんです。

例えば、「問題は商品が売れないこと」という会議があって、解決策を話し合っていたとしても、「いや違うだろう。問題は売れないということじゃなくて社内の体制がきちんと整っていないことだろう」とか、「売れないといっても売れない理由は商品がもう現実に合ってないからだろう」というようなことを、それぞれがバラバラに思っているかもしれない。

違和感のハンドリング

清宮　でも、普通の会議ではそれはいちいち言わないんですよ。みんなが別々に違う解を持っていてもそれを言わない。企業では早く解が欲しいから、通常の会議では、違和感が出たことに対してそれらをハンドルするというインセンティブが働かないんです。早く解が欲しいために、これが解だと思っていることに関しては、その同意だけを取りたがる。だから、その解にどこか違和感があると感じても、その違和感はちょっと置いておくという場のエネルギーが働きます。これは、もしかしたら学校にも同じようなケースがあるんじゃないでしょうか。生徒から質問があることを嫌うような、その表明を阻害する力が働くとか……。

とにかく、そうやって先に進んでいく。そうすると、「商品が売れないから、とにかくみんな営業に行って売ってください」ということになったとしても、心の中ではそれぞれ「ニーズに対応していない商品を持っているのだから、売れないのは当たり前」などと思っているわけです。そうして、上からうるさく言われるから、電話をかけるふりをするけれども、本気では動かないということが生じるんですね。

「質問会議」では、「問題は何か」という時に、一人一人に確認します。一人ずつ確認されると「ちょっと違うと思う」という声がわりと場に出やすい。場に出ることによって、「ではニーズに合った商品はちゃんと整っているんですか？」とか「社内体制は整っているんですか？」というような違う視点が出て、それがいっしょに考えていくキーファクターになってくるんです。

ですから、「質問会議」は、絶対自明の正しい解を出そうとしているわけではないんです。自分たちが持っている情報を持ち寄りながら、その時の自分たちにとっての最適解を出す。そして、その最適解を実行に移してみて、だめだったらもう一度やり直す。そんなサイクルのなかで動くのが「質問会議」です。「質問会議」は、会議だけで完結するというものではないんですね。会議を開いて何らかの結論を出して終わりということではありません。まず、一つの大きな問題・課題をセットする。「質問会議」のなかでそれに対してみんなのめりこんで、その解決策をつくる。そうしたら、今度はそれを実際に行動に移す。そして、また会議をやって、という一連のサイクルを持っているんです。最初から絶対の解決策をつくっていくわけではなく、行動をしながら考えていく。そのなかで問題そのものも変化していっていいと考えるものなんですね。

国際紛争における対話

北川　いまのお話を聞いていて思ったのは、「質問会議」の、質問を中心として問題を定義していくという方法は、極限状態での国際紛争や民族紛争の解決プロセスにおいてとられる手段とほとんど同じであるということです。

例えば、私がフィンランドの日本国大使館に赴任していた頃のことですが、

BOOK
ダイアローグ
対立から共生へ、議論から対話へ
デヴィッド・ボーム＝著／金井真弓＝訳
英治出版／2007

一九九〇年から十年以上にわたって旧ユーゴスラビアでは民族紛争が続きました。あのあたりでは民族同士が長い間恨み合ってきた歴史があります。

一般に戦争や紛争においては、空襲のように殺す人の顔がよく見えない状況よりも、目の前で殺す人の顔と殺される人の顔を見てしまう状況のほうが、恨みが何代も受け継がれると言われていますが、昔から民族紛争があるところでは、目の前で友だちや親兄弟が殺され、殺す人の顔と殺される人の顔を両方見てしまっているために、恨みがどんどん受け継がれていってしまう。旧ユーゴスラビアはまさにそういう地域でした。

最近の各地の紛争にも共通することですが、そのような歴史を重ねた民族同士の対立があり、それも民族に少数派と多数派があったり、宗教的な違いがあったり、あるいは、そこへギャングやマフィアが入ってきて政治家と結びついて利権を貪ったりする。利害が複雑に絡み合っていますから、当事者同士では解決のしようもなく、どんどん危ない状況になり、ついには極限状態に入っていく。その紛争をきっかけにして世界が破滅するようなことになりかねない。

そのような状況で、当事者を集めて問題を解決しようとする時、議論をしたらだめなんです。当たり前のことですが、自分の言いたいことを言うだけで、相手の言うことなんか聞いちゃいません。聞く気もない。ですから、議論をしていたら何の解決にもなりません。

紛争において感情で語れるうちは事態は深刻ではないとされています。自分の言いたいことだけを言う、あるいは、相手を一方的に非難している状態では、その言い方が冷静であろうとなかろうと、感情に動かされている部分が大きい。その段階では、自分の主張だけをして相手に何の歩み寄りをしなくても、まだ生きていける。日本の政治家の議論を見ていると、この段階のものばかりのように思います。その意味では真剣味がない。それは逆に平和の証なのかもしれませんが。

しかし、国や地域が本当にどうしようもない状態になって、明日の自分の生死すらわからないようになってしまうと、これではまずい、どうにかしなければと理性的に考えるようになるわけです。当事者すべてが問題解決の意思を見せた時に初めて、紛争解決への糸口が見えてきます。

だからといって、すぐ紛争解決できればだれも苦労はしない。解決プロセスといっても、いきなり解決策を持ち出すのではなく、まずは相手の言うことを「聴く」こと。それが問題解決への第一歩であり、最大の原則ともいえます。敵の言い分であっても聴かないことには何も始まらない。

BOOK
地球時代の言語表現
聴く・話す・対話力を高める
多田孝志＝著
東洋館出版社／2003

問題解決のための「訊く」と「聴く」

北川　事態が深刻であればあるほど、相手の意見に対して反論したり反対意見を述べたりしてはいけないんですね。そこで許されるのは質問することだけです。「なぜそう思うのか?」「なぜそう言えるのか?」など、「なぜ（why）?」を問う質問をする。利害が複雑に絡み合ったところでは、そういう質問のかたちでしか話し合いは成り立たない。当事者同士の価値観が異なっているのは当然のことで、むしろ問題なのは価値にどのような優先順位をつけているかなんですね。そこを「なぜ?」と問うことによって解き明かしていくしかない。

民族紛争の極限地域であっても、個々の人間が「平和」にまったく価値を見出していないということはまずありません。もちろん「生命」の価値もわかっているし、平穏な生活を送りたいとも思っている。しかし、さまざまな要因によって、「平和」や「生命」よりも「戦うこと」の優先順位が上にきてしまう。強制的に、あるいは自発的に、相手を倒すためだったら自分の命は惜しくないと思うようになってしまうんです。

そういう人たちに議論をさせても、自分の言いたいことを言うだけで相手の

意見を言うだけでは問題解決にならない。
まず必要なのは、
“聞く―LISTEN & ASK” ということ。

言うことを聞くわけもない。だから、まず必要なのは相手の言い分を「聴く」こと。そして、相手と自分の言い分が対立しそうな点について、「なぜ?」と「訊く」こと。

この段階で解決策を提案しても無意味です。まずは、対立点をすべて明らかにすることが重要なんですね。問題を定義し、問題を分析する。これが問題解決の常道です。問題を当事者それぞれが提示して、それを質問によって分析していくわけです。

ここで求められているのは、自分と一〇〇パーセント対立している相手とでも、「協力して問題解決できるかどうか」ということです。ユーゴスラビア紛争のように、敵対する民族をすべて排除するという民族浄化の発想があるところであっても、当事者が問題意識を共有し、協力して解決をはかっていくようにしなければならない。事態が本当に深刻であれば、武器で戦っている場合ではないように、言葉で戦っている場合でもないんですね。

だから、相手の言い分を聴き、自分の言い分を相手に聴かせ、対立点をすべて明らかにしたうえで、歩み寄りのポイントを見出していくしかないんです。即時解決を焦ると、かえってうまくいかない。

もちろん質問内容はチャレンジングなものになるでしょう。納得できないところがあれば、「なぜそう言えるのか?」と徹底的に追及する。ただし、あくまでも質問でなければなりません。「それは絶対におかしい。こちらの考えでは……」と論戦を挑んでいるようでは、また紛争に逆戻りするだけです。

「問う力」は「変わる力」

清宮　ビジネスの社会もまさに同じで、こうだと思っているものに対してちゃんと自分で自分を問える力があるかどうか。そして、それは自分が変化できる力でもあるので、環境変化の激しいなかでは企業の存続にストレートに関わってくる。その力がいままさに重要になってきているわけです。いわゆる「学習する組織」のコア能力であるともいえます。

激しく環境が変化する現代においては、昨日まで主力商品だったものが、一瞬にして他社商品に取って代わられることが普通に起こります。昨日まで稼動していたビジネスモデルが突然機能しなくなる……。

私たちの身の回りをみても、消えていった商品群は数限りなくあります。例えば、フロッピーや録音テープ、写真フィルム……いまコンビニで探し出すことが難しいですよね。これらの商品をつくっていたメーカーが生き残るためには商品変更、業態変更を余儀なくされているはずです。いまの成功が継続するわけでないのがビジネスの現状です。

成功に安住していると、その先がないという状況は、結局自分の持っている成功体験や、正しいと思っているフレームワークを変えられるか。その時に鍵になるのは、そのフレームワークそのものを問えるかということなんです。

例えば、雑誌を出している出版社が、「有料で雑誌を出すのはなぜか？」「無料で雑誌を出すことはできないのか？」ということを組織的に問うことができると、フリーペーパー事業が生まれたりします。でも、この問いが出ないと「読者にお金を払って買ってもらうのは当たり前」となってしまい、新しいビジネスチャンスは生まれません。

ここ数年、私たちはこのような劇的な変化を目の当たりにしてきました。今後、この変化はさらに加速していくに違いありません。そのようななか、ビジネスパーソンに求められているのは「変化する力」なんですね。これは、「過去の成功パターン」「これまでの常識」といったフレームワーク、思考の枠組みを問える力にほかなりません。しかし、個人としても、組織としても、慣れ親しんできたフレームワークを変えていくのはとても難しい。なぜなら、それは働き方や価値観を変えることだからです。

BOOK
最強組織の法則
新時代のチームワークとは何か
ピーター・センゲ＝著／守部信之ほか＝訳
徳間書店／1995

でも、このフレームワークを問えることが、変える力を生み出すんです。逆に、これが問えないと変えることができません。そういう力を持ったリーダーが、いまビジネスのなかでも強く求められている。これは一つのマインドセットだったり、思考形態、思考のベクトルだったりします。ただ、これが一回できる人は複数回できるんですよ。できないとなかなかできないんです。

価値観を吊り下げる

清宮　国際紛争の対立というほどではないにしても、働く人々にしてもそれぞれの価値観を持っているわけですが、いったんその価値観を置いておく。「吊り下げる」と表現をするのですが、自分の価値観を自分の身体から切り離して、自分の横の空間に「吊り下げる」というイメージです。そうやって価値観を吊り下げて、留保したなかで、個人として、企業として、あるいは組織として、いかに対話していくのかというようなトレーニングが必要になっていて、それで、「質問会議」というかたちでトレーニングしたりしているわけなんです。

もちろん、その力を持った人がたくさんいる組織のほうが間違いなく強い。たぶん国もそうですね。そういう思考形態が用意されている人がつくる国がよ

自分の価値観を自分から切り離した状態で、
意見が言えるかどうか。
相手の意見を聞けるかどうか。

り発展していくような気がします。

北川　教育の世界でも、いま世界レベルでグローバルな意味での学力を定義していく動きがあって、そこではそうした力が重視されているんです。

「価値観を吊り下げる」というのは、内心と言葉と行動とをいったん切り離すということですよね。要するに、自分の意見と自分自身とを同一視しないということ。これは重要です。

先ほど「変化できる力」という言葉がありましたが、みんなが自分の意見と自分自身とを切り離しているからこそ、変われるチャンスがあるということになるわけですね。自分自身の本質的な部分を変えることなく、相手の意見を聞いて、自分とは異なる価値観に触れて、なるほどと思うことがあれば積極的に自分の意見を変えていく。あるいは、目的や状況に応じて自分の意見を自由自在に変えていくことが求められる。

自分の価値観を絶対視したり、自分の意見に固執したりすると、変われるチャンスがありません。相手を変えるのも困難だし、自分を変えるのも困難になってしまう。だから、価値観にせよ、感情にせよ、それらを吊り下げておくことは必要ですね。これをコミュニケーション教育では「留保する」というのですが、価値観を留保する、そして感情を留保することによって、建設的で創造的な問題解決ができるとされています。

議論から相談へ

北川　こうなると問題解決のための話し合いは「議論」ではなくて「相談」という感じになる。教育も世界的な流れを見ると、だれとでも相談して問題解決できる子どもを育てようという方向に向かいつつあります。

清宮　それは、まさにビジネスの社会で求められる人材でもありますね。

北川　教育は世界の現状をストレートに反映しているんです。教室での問題解決は、先ほどの民族紛争の場合と同じ。つまり、みんなで問題解決に参加すること。傍観者ではなく当事者にならなければならないということです。そして、相手の話をよく聴くこと。相手の話を「おかしい」と思っても、そこで論戦を挑むのではなく、「なぜそう思うのか?」を質問すること。このように、いま世界の教育は「みんなで相談して問題を解決しよう」というところを重視してきて

否定による攻撃ではなく、
質問による納得。

いるんです。

例えば、問題解決能力は、教育の世界では「考える力」というんですね。最近では日本の教育でも「考える力」は重視されています。ただ、世界で求められている「考える力」とは独力解決ではなく、むしろ集団で解決する力、つまり「みんなで考える力」なんですね。このあたりに若干の読み違えがあるような感じがします。

「みんなで考える力」は、常にもう一つの力を必要とします。例えば、だれか一人が問題を見出しても、それをみんなに伝えられなければ、みんなで問題意識を共有できない。だれか一人が素晴らしい解決策を見出しても、その素晴らしさをみんなに伝えられなければ、みんなで協力して解決することはできない。みんなで考えるためには、当然のようにコミュニケーション能力を必要とするんですね。教育の世界では、コミュニケーション能力のことを「伝え合う力」といいます。「みんなで考える力」は「伝え合う力」によって支えられているということです。そこのところが日本の教育ではうまく捉えきれていない。

世界がグローバル化しつつあるいま、さまざまな価値観を持った人間が共生していかなければならない現状からすると、いちばん必要とされる学力は「世界中のどこのだれとでも相談して問題解決できる力」であるというあたりに、

BOOK
問題解決のための「社会技術」
分野を超えた知の協働
堀井秀之＝著
中央公論新社（中公新書）／2004

ここ二十年くらいで落ち着いたんですね。世界の教育事情から見ると。

「違い」を活かす

清宮　それはとてもおもしろいですね。ビジネスの感覚でも、「違う」こと自体は必ずしも克服すべきマイナスの要素ということではなくて、むしろ、いいこと、積極的に取り入れていくことが必要なものという感じでみんなが考え始めています。

日常の仕事のうえでも、違う考えを持っている人といっしょにやっていくためには、コミュニケーション能力がもちろん必要になりますし、実際求められています。

同時に、これから新しい製品や新しいサービスを、社会や環境に合わせたもの、自分たちが世の中に貢献できるものとしてつくっていくという場合には、一人では解決できないものでも複数だとよりよいものが出るのは明らかなんです。「創発」などという言葉も使われますが、むしろ、違いを持った人との協働が必須だともいえるんです。結局、世の中の仕組みがものすごく難しくなっているんですね。

それはビジネスに限らずだと思うんですが、このグローバル化のなかでビジネスの世界も、商品をつくって、ただ売ればいいというだけではなくなっているんです。どこでつくるか、どこで売るかということにしてみても、いまはとても問題が複雑化しています。

例えば、以前であれば、電機メーカーは開発した製品をまず日本市場で売って、それがうまくいけば、アメリカ、アジア、ヨーロッパへと展開していっていた。その世界市場へ流す時には商品の微調整ですんでいたと思うんです。でも、いまはどうでしょう。ほとんどの商品が世界同時発売で、文化コードの違う国や地域の市場に対応するスタンダードを、最初から一発でつくりあげておかなくてはならない。しかもモデルの回転も速くなっています。グローバル化というのは、複雑化であり、またスピード化でもありますよね。

あるいは、消費者の価値観も多様化していて、例えば、現地の子どもたちの不当な労働力をもとにして安くつくられた商品は買わないというような動きも出てきている。少し高くても環境に配慮して設計されているものを選ぶという流れもここにきて強くなってきています。

新しい商品をつくるにしても、こうした複雑な問題を見出しながら取り組んでいかなければならない。一人で考えるのではもう解決できないということが前提にありますね。

こういう状況のなかで、違いはむしろ必要なものであり、新しい商品、新しいサービスを生み出すチャンスでもあるんです。違う考えを持った複数の人がいかにそれぞれの考えていることを融合していけるか、それぞれの違いをいかに組織のなかで新しいものに昇華していくかが、成長の、あるいは、存続の鍵になっています。

私たちにも新しい力がついてきていると思うんですよね。違いがもたらすネガティブな部分を押さえ込もうとするのではなくて、企業も社会もやはりそれが必要になって、違いとか多様性をマネジメントしていく力をつけていくようにシフトしていますから。世の中が同じベクトルで動いていっているので、たぶん教育の部分でも、従来の「いっしょに考える」というのとはまた別のかたちで、協同という学びのレベルが上がってきているのではないでしょうか。

「違い」は活かした協働は、組織の成長・存続の鍵。

第2章 多様化のマネジメント

権威の喪失――協同学習のジレンマ

北川 「みんなで相談して問題を解決する」教育というのは、まさに民主主義を支えるものといえます。ここでいう「みんな」に先生が含まれると、先生も含めて学び合う協同学習ということになって、民主主義を支えるという意味ではさらに理想的です。

ただ、これを進める時、先生の権威性をどうするかという課題があります。

会社であれば、上司がいて部下がいるという、集団の機能が安定していますから、例えば、多様性を生かすという場合にも、統制のとれたかたちで意見を生かすことができると思います。

学校教育で難しいのは、意見を言うにせよ、その意見に対して質問するにせよ、ある意味で権威を完全に否定した状態で行われる時に、いちばん活性化するものであるというところです。

これは日本だけの現象ではなくて世界的な現象なのですけれども、教室で子どもたちに自由に意見を言わせていくと、先生の権威が徐々に失われていくことがあります。多様な意見が出てくる、自由に質問をさせる、なんにでも疑問を持ち、疑問を持ったことはすぐに問うという教育を進めていくと、よほどうまくやる先生でないと、だいたいは統制がとれなくなってしまう。先生が権威的でないからこそ自由に意見を言えるのですが、それが裏目に出るんですね。

もちろん、先生には子どもを監督し指導するという、権威的な社会的機能があるのですが、それは会社における上司と部下とは違い、案外もろいものです。先生の権威を落とすことによって、あるいは、先生が子どもと同等の意見者になることによって、活発な話し合いが可能になったりする。ここで子どもたちが自律的になっていないと、先生は先生としての機能を発揮できなくなってしまいます。

清宮　先生と生徒は、学び合う協同者ではないのですか？

北川　そこは一般化して言うのは難しいんですよね。単なる協同学習者になってしまうと先生の権威は喪失してしまう。これは社会全般に言えることですけれども、民主主義が進めば進むほど、あらゆる権威が失われていくという現象が起きる。全員が対等にものを言えるとなると、先生は「先生」という権威的な地位に無条件ではいられなくなります。

その場合、必要とされるのは、先生の専門性であり、その専門性についての自信です。相手は子どもであり、自分は教育の専門家なのですから、協同学習者であったとしても絶対的な優位にあるはずなのですが、日本の先生の場合は必ずしも、その意味での自信がある人ばかりではないんですね。

イギリスの社会学者ギデンズは「ポスト伝統社会」と表現しましたが、確かに現代社会では、権威が無条件に権威として認められることはなくなってきています。世界中のいたるところで、学校や先生の権威はどんどん失われている。そういったなかで、日本は権威が保たれているほうだと思うんです。いろいろな国の学校を見てきましたが、日本ほど整然とした秩序のとれた学校はありません。近年、学級崩壊が問題になっていますが、それでも日本の教室は統制が

BOOK
再帰的近代化
近現代における政治、伝統、美的原理
ウルリッヒ・ベック、アンソニー・ギデンズ、スコット・ラッシュ＝著／
松尾精文、小幡正敏、叶堂隆三＝訳
而立書房／1997

とれているほうです。

日本の学校で規律が保たれているのは、学校の権威の喪失、先生の権威の喪失からまだまだ免れている部分があるからなのでしょう。けれども、先生が完全な協同学習者になってしまうと、せっかく保たれている権威を自ら捨てることになりかねないので、少なくとも現時点の日本の学校においては、そういう意味での協同学習者になるような状態は想定していない。

また、協同学習者としての教師を現実にやっている国がみんなうまくいっているかというとそうでもありません。権威が喪失して学級が崩壊するから、先生・保護者・子どもの三者間で契約を結んで、先生の指示に従うことを義務付けたりしている。これは教育立国とされるフィンランドでさえ、学校や地域によってはやらざるを得なくなっています。

モンスターペアレンツみたいなものが出現するのも、日本特有の現象ではなくて、民主主義が進んで権威が喪失した社会の必然的な結末なんですね。先生や学校という権威に遠慮する必要がなくなれば、どんどんものを言ったほうが得だということになる。ですから、モンスターペアレンツというのは、呼び名は国によっていろいろですが、世界的に見れば決して珍しい現象ではありません。先生や学校という伝統的な権威が権威として存在できなくなれば、どこで

協同学習者としての教師は、
“権威性と統治力を喪失するリスク”を
必然的に背負う。

も当然のように起こることなのですから。

それでもなお、日本の学校ではまだ規律が重んじられていますし、学校と保護者の関係も悪くはないんです。先生と保護者と子どもの間で契約を結ぶなんて、なかなか日本では考えられないでしょう。

清宮　アメリカの大学院に学んでいた時、小学生の息子が現地の学校に通っていたのですが、学年の初めにはいつも、宿題提出に関してのラーニングコントラクトに、親と子のサインを求められました。まさに契約書でしたね。ペアレンツナイトという学級方針の説明会も両親で参加するのが普通で、先生と親は対等という感じでした。でも、儒教思想でしょうか、日本人はとくに先生への尊敬の念が強いですよね。

北川　ぎりぎりの瀬戸際で「先生」という機能が、権威というよりは機能としてですが、認められている部分があります。「先生の言うことは聞くものだ」という道徳というか、文化というか、脳に刷り込まれたところがあるようです。儒教的な道徳観が残っているともいえます。

フィンランドは教育立国と言われているけれども、先生が権威も機能も失っ

BOOK

民主主義の統治能力
その危機の検討

サミュエル・P・ハンチントン、ミシェル・クロジェ、綿貫譲治＝著／
日米欧委員会＝編／綿貫譲治＝監訳
サイマル出版会／1976

て、学級崩壊寸前のところがかなりあります。学級崩壊寸前になってしまうと、先ほども言いましたように、先生と保護者と子どもの間で契約を結ぶんです。これがくだらない契約なんですよ。

例えば、「学校のコンピュータでアダルトサイトにアクセスした場合、年度内のコンピュータ室への出入りを禁ず」というような条項の書かれた契約書に、子ども本人、保護者、先生がサインする。契約で決めたんだから言うことを聞きなさいというわけです。行き着くところまで行ってしまった感じですが、こうしないと秩序が維持できないというのが現実なんですね。

日本の場合は、まだ無条件に「先生の言うことを聞きなさい」と言える環境があるんです。契約という、一種の法的手段に頼らなくても授業ができる。日本では契約で強制的に縛ることを嫌い、個人のモラルやマナーの問題として片付けがちですが、それは幸せな状態であるとも言える。社会に道徳心が残っているということですから。

北川　こういう状況のなかで、先生と子どもが協同学習者として学習を進めていくにはどうしたらよいか。そこで必要とされるのが、先生の専門性を強化することと、それによって先生が自分の専門性に自信を持つことです。この変化の激しい時代ではとくに、先生自身が学んでいなければ、学び続けていなければ、専門家としての自信を保ち続けられないでしょう。そこで教員養成とか教員研修をもっと見直さなくてはいけなくなるわけです。

ファシリテーション力

清宮　大人の教育の場合は、実際の仕事に結びついたところでないと学習が促進されないという傾向があるので、企業では、ＯＪＴ（オンザジョブトレーニング）という実践型の研修方法が取り入れられたりしているのですが、そこでは、上司でも先輩でも、先生というよりはファシリテーター化します。とくに近年は、日常業務においても、上司やリーダーは、ファシリテーターとして、部下やチームのメンバーの成長を促進することが求められています。それは、会社の組織としての機能をより高め、生産性を上げるということでもあります。

現実の仕事のなかで学んで日々成長していく。会社はそういう「大人の学び舎」なんですね。そこでは、規律や権威というよりは、自分たちの学習をいかに促進していくかという、大人の集まりとしてのリーダーのファシリテーション機能が重視されつつあります。

BOOK
状況に埋め込まれた学習
正統的周辺参加
ジーン・レイヴ、エティエンヌ・ウェンガー＝著／佐伯胖＝訳
産業図書／1993

小学校の子どもはまだ教室内で「教わる」状況だと思いますが、どの年齢くらいから現実体験から学ぶ要素が強くなったり、教えるほうにもファシリテーション的な関わりが必要になっていったりするのでしょうか？

北川　どこで線引きするかは難しいのですが、基本的なところは成人の教育と同じであるべきだと思います。例えば、フィンランドの教育では、先生は協同学習者であると同時に、教育と教科の専門家であるとされていますが、協同学習者としての先生の役割はファシリテーターに近いんです。学年が低いうちはティーチングの部分が多くなるわけですが、それでも先生はいろいろと仕掛けをつくって、子どもたちが自分たちの意思で問題に取り組み、自分たちの力でよりよい解決策を見出していくことができるようにしています。その仕掛けにおける先生の役割は多分にファシリテーター的といえるでしょう。

もちろん、先生と生徒の関係が一人前の大人同士となれば状況は変わります。子どもと大人の境界線は文化圏によって異なるので同列には論じられないのですが、例えば、ヨーロッパなら義務教育の間は子どもだという線引きが一般的でしょうね。高校生になれば精神的には大人と見なされるので、先生は教科の専門家としての立場、あるいは、ファシリテーターとしての立場に徹すること

働く現場は“大人の学び舎”。
企業のリーダーは、
学習を促進するファシリテーター。

ができるでしょう。

日本の先生たちにしても、国語の先生だったら国語の専門家だし、数学の先生だったら数学の専門家ですから、子どもたちに対して専門家としての機能は十分に果たすことができる。あとは専門性に対する自信をしっかりと持ち、さらにファシリテーションの技術を習得すれば、先生という権威に頼らなくてもすむはずです。これから伝統的な権威は徐々に失われていってしまうでしょうから、「先生」という根拠のない権威に頼っているだけでは、やっていけなくなってしまうでしょう。

清宮　企業も同じですね。それは、リーダーだから、マネージャーだから、部長だからとにかくエライということに基づく権威性が機能しなくなってきているということとまさに同じです。固有の専門知識やノウハウも必要ですが、ファシリテーション能力、まさにコミュニケーションをハンドルする力が、企業人、とくにリーダーとして、とても重要になってきているということはもう間違いないことですね。

北川　日本の教育現場でも、そういうことに取り組もうとしているところがありま

BOOK
対話する力
ファシリテーター23の問い
中野民夫、堀公俊＝著
日本経済新聞出版社／2009

す。三重県の名張市に、協同学習の専門家の指導をあおぎながら取り組んでいる小学校があるのですが、それを単なるスキルではなく、まずは学び合う姿勢を身につけようという、しっかりと地に足の着いた実践をしていることに感銘を受けました。

とくに興味深かったのは、先生たちの姿勢でした。協同学習で最初にやらなければならないのは、いきなり子どもに学び合わせることではなく、まずは学び合う教師集団をつくることだというんですね。先生たちに学び合おうという姿勢がなければ、子どもたちにやらせることはできないのだと。

清宮　学校の先生にいちばん求められているのはもしかしたら、ファシリテーターとしての力だったりするんじゃないですか、ティーチング能力だけではなくて。相手の人から何かを引き出していく力というものは、人間としてけっこう重要だったりしますよね。人に考える力をつける、伝える力をつけるということは、教え込むというよりも、相手の力を引き出すということなんですよね。

北川　ただ、先生にファシリテーターとしての役割が求められるようになったのは、そんなに古いことではないんです。実際の教育現場でも、取り入れているところもあれば、取り入れていないところもあります。

「個と集団」の解釈

北川　協同学習については、出発点がどこにあるかという違いも問題になります。これは先ほどの三重県名張市の小学校を指導されている専門家から聞いた話なのですが、協同学習の出発点は欧米では「個」であるが、日本では「集団」であるというんですね。欧米の場合は個が寄り集まって協同が成り立つが、日本の場合は最初から集団があって、そのなかに個がいるというかたちで協同が成り立つということです。そもそもの発想が逆なんですね。

欧米のように、個が集団をつくっていくとすると、集団をつくることにも、集団を維持することにも大変な努力を要するし、それでいて常に分裂の危機をはらんでいる。その一方で、集団のなかで個と個の違いが明確だから、みんなで協力して問題解決をするとなると、その多様性を活かした創造的な解決が可能になる。

日本のように、最初から集団として存在するならば、分裂の危機はまずないし、とくに努力しなくてもみんなで協力して問題解決することが可能でしょう。

その一方で、集団で同調的な行動を取りがちであり、個は集団に埋もれやすいので、本当は多様であるはずの個の特性を活かそうとすると大変な努力を要することになるということですね。

出発点が個であろうと集団であろうと、そこに本質的な優劣はありません。しかし、完全に独立した個と個を結びつけるようなコミュニケーション能力が必要とされ、その多様性を活用することが大きな力を発揮する時代においては、同調的な組織、個が集団に埋もれた組織は明らかに不利な立場に追い込まれてしまう。

日本人にとって厳しいのは、個を独立したものと捉える意識が低いというか、本当はみんな違うのに、その違いを際立たせることを本能的にためらうというか、阿吽《あうん》の呼吸のなかで自他の区別を曖昧にして溶け合っている状態を理想とするような文化と風土に置かれていることです。世界のどこでも地縁・血縁の社会はべったりとしたものですが、日本では会社のような機能集団であっても家族のようにべったりとつながっていて、例えば、社長はお父さん、副社長はお母さん、社員は子どもたちというような発想がある。それをいきなり個と個に分断して、新たな関係を再構築しようとしても難しいでしょう。

国や文化によって、「個と集団」の関係性はまったく違う。だから当然、協

個が凝集した集団か、集団に埋没した個か。

同学習のやり方も異なってきます。フィンランドで協同学習がうまくいっているから、日本でもフィンランドのやり方をそのまま取り入れればいいかというとそういうことではない。日本人や日本社会の特性をきちんと理解したうえで、個と集団の関係性はどうあるべきか、集団における個をどのように活かしていくかを考えるところから始める必要があると思います。

教える側の人材を育てる

清宮　難しいのはもちろんわかるのですけれど、学校の先生としてはまさにそこが重要なのではないかと思います。大人も含めて、人とコミュニケーションして学び合いの場をつくっていくことができない人は、いくら教える内容を持っていても、先生という仕事に就く要件を満たさなくなっていくのではないかという気がします。

北川　理想をいえばそうなのですが、日本の大学の本当に短い教員実習期間や教員養成課程に、そういった力を習得するためのプログラムを入れられるかというと、現状ではけっこう難しいですね。

フィンランドの場合、教育学部出身の先生と各学部出身の先生とでは資格も違いますが、習得する技術内容や期待される役割にも大きな違いがあります。教育学部出身の先生は「教育の専門家」ということで、ファシリテーション的な意味を含めての指導技術のほうを相当に鍛えられてから教職につくというようになっています。それに対して、各学部出身の先生は、むしろ「教科の専門家」としての役割を期待されています。もちろん教育学部出身の先生も専門教科を持たなければなりませんし、各学部出身の先生でもファシリテーション的な指導技術は身につけなければなりませんけれど、期待される役割分担ははっきりしています。

清宮　逆に言うと、教育学部をもっと復権せよ、ですね。日本の場合、成人の教育、とくに人材開発学を学ぶ場所が少ない。「人材開発学」「人材開発学部」という言葉も一般化されているとは言えません。私が在籍していたのはアメリカの教育学大学院で、専攻はＨＲＤ（Human Resource Development）つまり人材開発学部なんですが、それは、教育学大学院のなかの成人教育のセグメントのなかの企業内教育領域なんですね。そこでは全部、「人材開発」という視点での設計がされていました。その授業はもちろん経営学を専攻している人たちも受けにはくるけれども、基本は教育学なので、いかに組織や人を発達させていくかという観点での学問形態だったんです。
そして、そこには、現場の実践家と学者とが協力して研究開発したり、その成果を教えたり学んだりする環境が整えられていました。開始時間は夜の六時で、生徒は全員社会人でした。アカデミック大学院ではありません。生徒全員がいわゆるプロフェッショナル。人事マネージャーだったり、トレーナーだったり、組織・人材開発コンサルタントの現役の人たちが、ブラッシュアップするために通っているんですね。実践と学問が相互に誘発しながら、人材開発領域の研究を深めているという感じです。教授たちも、実践者であり研究者でした。

北川　日本でも、大学によっては、あるいは先生によっては、十分な指導を受けられる可能性はあります。しかし、一般的には、大学の教員養成課程に、そういった技術を体系的かつ段階的に育むためのプログラムが存在するとはまだ言えないですね。

変容するリーダー像

清宮　でも、コーチングやファシリテーションの力は社会では大変な勢いで求められていますよ。MBA（経営学修士号）というものが経営としての専門能力とか専門知識であるとしたら、そうではないところの力、いわゆる「非MBA的」なスキルという部分がとても重要だというふうになってきました。

『ハイ・コンセプト』というダニエル・ピンクが書いた本のなかで書かれていることですが、これからの時代にどういう人材が必要かといったら、それは、ファシリテーター系の力とか、それから、アート系の力を持っている人たちなんですね。マッキンゼーなどのコンサルタント会社でさえ、MBA系の人が急激に減っている。どこの学校の出身者が増えているかというと、それが美術系の学校だったりしている。

よく右脳思考などと言われたりしていますが、ビジネスの世界にも、全体をぱっと感じとれたりする力や、芸術や遊び感覚などのような論理だけでは説明できない部分を取り込んでいく力が求められてきているということなんですね。もはや論理思考だけでは、問題は解決できないということなんだと思います。

アート系、ファシリテーション系の力や感性を働く現場に組み込んでいく。

例えば、私たちが行っている、アクションラーニングコーチの養成講座には、コンサルタントの方がかなり参加されていますが、その方たちに参加理由などの話を聞いてみると、論理思考的な解決策を企業に持って行っても、その時はいいといっても、結局、組織のなかで活用されないことが多いそうなんですね。組織を変えていくための施策としては人を動かすことが必要になっているのですが、その時に、それこそ絵に描いたきれいな計画では人は動かない。人が動くような、そういう論理プラスアルファの思考やスキルが必要になるので、その能力をつけるために講座に参加されているということでした。

そんなことを考えると、ビジネスの世界も論理と感性の両方を使いこなす人が必要になってきているのだと思いますね。

先ほど、同調性とおっしゃっていたように、ビジネスでいえば終身雇用とか年功序列というものが、まさにそこに根付いた組織設計の最たるものですよね。それらはとてもうまく動いていた。でも、そのシステムがなくなってしまった。こういう状況の変化のなかで、実際に私たちはどうしていけばいいのか。

ビジネスの組織としてのリーダーも、昔はけっこう楽だったはずです。昔のマネジメントはずいぶんやりやすかったと思います。その同調性のなかでは価値観なども いっしょなので、これが正しいだろうというものをもっていきやす

BOOK
ハイ・コンセプト
「新しいこと」を考え出す人の時代
ダニエル・H・ピンク＝著／大前研一＝訳
三笠書房／2006

かったし、モチベートの仕方も「もう少ししたら昇進するから」でよかった。

けれども、社会が大変な勢いで変わってしまう。九〇年代後半あたり、一九九七年に山一証券、九八年に北海道拓殖銀行が破綻した頃から急激ですよね。名門といわれる企業、歴史のある会社がつぶれていく。そこからこの十年、ものすごく変わりました。

終身雇用、年功序列というシステムがあった時代は、どういうやり方でモチベートして仕事をさせるのかということもクリアだったのに、いまはそうじゃない。「昇進したくないです」という人も多くいます。とくに地方行政体などでは、課長試験などを受けてもらうのが大変らしい。課長になってもいいことがないからと。試験を受ける人がいないということが行政現場で問題になっています。

前提としていたものがどんどん崩れていって、組織自体をつくっていく時のやり方というもの自体も見えなくなってしまっている。それだけ企業の変化はものすごく激しかったり、早かったりするんですね。そういう変化に対応できる力が強く求められているのが現状です。

伝統的な道徳観との葛藤

北川　世の中の変化に対応できる力は必要だと思いますが、日本には文化や風土に根ざした価値の部分で、もう一つ大きな課題があります。

それは私たちにとって、自分の内にある心と、自分の外に表出する言葉や行動を切り離しにくいということです。価値観や感情を留保し、問題解決のための言動をとるのは、日本人の道徳観に大きく反するように感じられる。これはもともと儒教思想なのですが、言葉と行動と内心の一致という道徳観が私たちには根強くあります。

この発想がよく表れているのは謝罪という行動です。二〇〇八年九月にアメリカの証券大手リーマン・ブラザーズが破綻した時、失業したリーマン社員に日本の報道記者が「経営陣に謝ってもらいたいと思いませんか」と質問しました。すると、ほとんどのリーマン社員は「謝ってもらっても何の役にも立たない」と答えたんですね。

一方、日本では山一証券が破綻した時、経営陣は涙を流しながら謝罪会見をしました。もちろん形式を求めている部分もありますが、それだけではない。

形式的に謝ると、かえって「誠意が感じられない」と非難されてしまう。謝罪は内心の発露としての言葉であり行動でなければならないんですね。

内心と言葉と行動の一致を求めるといっても、現実に人の心の中をのぞいてみるわけにはいきません。だから、中国の孔子や孟子は修養の重要性を強調し、内心と言葉と行動が一致するように、高い心持ちが表れるようにしなければならないと説いていたわけです。もちろん現実には不可能なんですよ、そんなことは。けれども、そういう理想像を掲げて、それに近づくことを重視してきた。これは二千年以上前の古代中国の道徳観ですが、現代中国ではほとんど滅びてしまった。ところが日本ではまだ残っているんです。

清宮　グローバルな価値基準でいうと、日本人の謝罪は関係性のなかでの謝罪という感じですよね。欧米などでは、契約に反しているから謝れということになるし、イスラムのほうだったら、神様に対して申し訳ない事をしているから謝る。日本人は、謝りと感性のようなものとがつながってしまっているから、何に対して謝るかというと、父親に対して申し訳ないと思うとか、みなさまに対して申し訳ないと思うとか、関係者に対して申し訳ないと思うということが、私たちが求める謝りなんですよ。これは国際的にはかなり特殊なものかもしれませんね。

北川　そうですね。「関係者のみなさまに多大なるご迷惑をおかけして」と言いますが、「関係者のみなさま」とはだれか、「多大なるご迷惑」とは何かということはよくわからない。目的と対象がはっきりとした謝罪ではないんですね。よく「世間をお騒がせして申し訳ない」と謝罪している人がいますが、世間が勝手に騒いだのに謝らなければならないというのも奇妙な話です。そのうえ誠意が感じられるの、感じられないのということが常に問われ続ける。謝罪というのはどの国にもありますが、これはかなり日本に特有な現象ですね。

清宮　これは日本人が海外に行った時に気をつけなければいけないことの一つです。謝罪の仕方の違いに心理的に傷つきますからね。

多様な個により構成される世界のなかで

清宮　海外で協同作業する時、あるいは、国内でも外国人と仕事をする時には、自分が持っている価値基準、自分が所属する社会が持っている価値基準というものを自分から少し離して見る、私たちが是としていることを俯瞰することができないと、うまく進まない。また、みんながそれぞれ違うコードで行動しているということを情報として持っていなければいけない。そうでないと、それこそ質問もできないし、多様性のなかでいっしょに働くということの効果性も薄れてくる。違いを活かすことができなくなってきます。

北川　明治四十四年、いまから百年ほど前に行った講演で、夏目漱石は「内心に持っている徳と行動と言葉が一致するような完全体を理想像とするのは幕末までの道徳観である。いま、世の中がどんどん変わってきていて、人間なんて不完全なものであるから、そのなかでものを言うなり、ものを書くなり、行動するなりしていかなければいかん」というようなことを言っています。こういうのを読むと、日本人は百年前もいまもあまり変わらないのだということがわかります。幕末までの道徳観が現在も残っているということですね。でも、そのままでは国際的に通用しないということを、明治時代の人もわかっていたわけです。この発想のために日本人が傷つきかねないということも。

とはいえ、いまは明治時代ではありません。欧米のやり方を第一として、それに追いつくことが世界に通用することではないんです。現代が多様性の時代

いま求められているのは、
世界中のどこのだれとでも協力して、
創造的に問題解決できる子どもを育てる教育。

であるならば、日本は欧米の先進国集団に埋没することを求めるのではなく、むしろ日本独自の価値観を主張することによって「個」を際立たせていったほうがいい。

ただ、ここで肝心なのは、日本とは異なる価値観の正当性も認めつつ、自分たち自身の価値観も再評価して、その正当性を認めていくこと。そうすることによって、多様な個によって構成される世界において、独自性のカラに閉じこもるのではなく、その独自性を相手が理解できるように、相手を納得させるように主張していくことができる。そのためにも、個の違いを際立たせて多様性を活かす教育、どこのだれとでも協力して創造的に問題解決できる子どもを育てるような教育が重要だということになります。

BOOK

私の個人主義

夏目漱石＝著

講談社（講談社学術文庫）／1978

第3章

問い続ける力

現場で学ぶ

清宮　いまのビジネス界では、「体験から学ぶ」ということが、リーダーやマネージャーをつくるためには重要だと言われています。
リーダー育成における第一世代は「座学」だったんですね。本来リーダー養成ではないMBAを取ったからといってよいマネージャーになれるわけではないんですが、一時は、MBAが経営幹部へのパスポートのように見なされて、みんながビジネススクールに通って学位を取った。けれども、そうではないということが、この間、共通の認識として明らかになってきたわけです。

その第二世代が「アクションラーニング」[*1]なんですね。この話は、私がアメリカで聞いた、マギル大学のミンツバーグ教授の講演のなかで出てきたものなのですが、彼自身は、第三世代として、より職場のなかでリフレクティブに学ぶ「ナチュラルエクスペリエンス・ラーニング（自然派経験学習）」というものが出てきているという言い方をしていました。これも、やはり現場の体験から学ぶことが大切だということでした。状況を人為的に設定するまでもなく、より日常のなかで学ぶということなのだと思います。

グローバル企業のリーダーたちは、例えば、いままで飲料会社の営業部長をしていた人が、いきなりマグロの買い付け会社の社長になるように言われたり、冷蔵庫を売っていたら、突然インドへ行って生命保険会社を立ち上げるように言われたりするわけです。これがグローバル化ということなんです。

いままでの自分の成功体験がそのまま活かせないということが前提になるんですね。ですから、それまで蓄積している経験や知識を総動員して、他者に移入しながら、理解を深める。自分の持っている価値基準と違う価値基準を持っている人たちと協働して仕事をする。あまつさえ、その協働をリードする必要もあるかもしれません。

BOOK

MBAが会社を滅ぼす
マネジャーの正しい育て方

ヘンリー・ミンツバーグ＝著／池村千秋＝訳
日経BP社／2006

＊1　アクションラーニング▶［コラム　質問会議のポイント］　P.74

リフレクション―体験をモノにする力

清宮　そのような環境で働くためには、自分のフレームワーク（思考の枠組み）を問いながら、新しいものを生み出していくことが必要です。そのために、リフレクションという力が必然なんですね。とくに変化の激しい時にはそれがとても重要だと言われています。

単純に一つのことを知って、一つの経験をして、知識として得るだけではなくて、その体験やできごとがどういうバックグラウンドで何を意味しているかということを振り返る、リフレクションするという力が必要になってくる。それができる人がリーダーであると言っているんですね。

北川　「問題解決思考」という言葉が、ビジネスの世界で広まっていますが、集団で解決するということであれば、その原型は教育の世界における「リフレクティブ・シンキング」にあると思います。リフレクティブ・シンキングとは、まさにリフレクションする思考方式ということですね。これはアメリカの教育学者デューイが提唱したもので、問題の定義、問題の分析、解決策の基準設定、潜在的解決策の模索、最善の解決策の提案の五段階から成るものと定義されています。「みんなで相談しながら創造的に問題解決していくプロセス」が明確に示されています。

清宮　リフレクションというのはとても深い概念ですよね。リフレクションがないと、体験が自分のなかで概念化することがありません。ただ体験しただけで、そこから学ぶとか、知識を得るということができないんです。

私たちが何か生産活動をする時に、リフレクションすると、それまで結びついていないものと結びついて、ブレイクスルーが起こったりする。だから、リフレクションをいかに自分たちの活動に入れられるかということが、生産性の高いチームや組織をつくっていくことに大きく関係してきます。

リフレクションすることがないと、行動は単なる行動であり、体験は認識された経験にはなりません。だから、同じ失敗を何度も繰り返してしまうことになります。

たとえ成功しているものであっても、暗黙的にうまくいっている部分を、どう形式化して、デザインして、展開していくかということがいまのビジネスでは重要になってきていますから、そこでもリフレクションの力は必要とされる

BOOK
How We Think
John Dewey＝著
Dover Publications／1997, New edition

わけです。
リフレクションは、日本語でいう「反省」にはとどまりません。協同の思考や協同の学びの場の構築に必要となってきますし、それは、変化や成長とても密接に絡んでくるということなんですね。

「思考の枠組み」を問い直す

清宮　本当は経験や知識を多く持っている人のほうがよりリフレクションしやすいんです。結びつく知識や体験が多いのですから。それに比べて、小さい子はリフレクションがあまりできないはずです。いっぱい知識を持っていたり、大人であればあるほど、本来はリフレクションしやすいはずなのですが、その経験や知識によって「思考の枠組み」が固まってしまっていると、そのリフレクションが逆にしづらくなってしまう。
ですから、その枠を取るとか、柔らかく考えるという思考の癖のようなものを常に自分のなかに意識して組み入れていくことが、大事なことなんです。クリティカルにリフレクションして学ぶということですよね。

リフレクションは、
協同の思考や学びに不可欠な概念。

北川　その「思考の枠組み」が、まさに価値観と直結しているところなんです。よく「パラダイム」という言い方をしますが、思考の枠組みが異なれば、価値の優先順位も変わってしまう。だから、ある思考の枠組みで合理的と見なされることであっても、別の思考の枠組みでは非合理的にしか見えない場合もある。

思考の枠組みが異なる場合は、その枠を取り外してしまうのが理想的なのですが、それが難しければ、せめて自分と相手の思考の枠組みを意識するだけでもいい。そうすることによって接点を見出す手がかりがつかめますから、どれほど価値観の隔たりがあったとしても対話の可能性が開ける。

清宮　そこはわかっていてもなかなかできないものですよね。成功体験があって、自分なりの「答え」がある場合はとくに。例えば、部下の抱えている問題で、自分も過去に同じような問題に直面しているような場合などは、上司が自分なりの答えを部下に押しつけることが多くなる。

けれどもそこで、具体的に問いかけということをキーにして、質問型のコミュニケーションをすると、相手の思考の枠組みが理解できたり、それによって煮詰まっている状況を突破することが生じやすいんです。同じようなことだと思って聞いてみると、「あれっ、違うの？」ということは多いですよね。でも、それもまず思い込みではなく、相手の話す内容をきちんと聞いていないと質問できません。

さまざまなビジネスシーンのなかで、意見よりも質問を意識的に組み込めば、相手の話を聞くようになるし、お互いに聞き合う場も多くなっていきます。

北川 いま、クリティカルに学ぶことがビジネスで大切なことだとおっしゃいましたが、教育界でもクリティカルな学びの必要性が言われ始めてきています。ただ、どうも「クリティカル」という言葉に偏見があるようで、「批判的な」というマイナス・イメージの意味で捉えられることが多く、ひどい時には「相手に徹底的にケチをつける」という意味だけが無用に強調されています。

相手に徹底的にケチをつける人間は日本社会では嫌われますから、そういうことは授業ではやりたくないという先生も出てくる。確かに英語の「クリティカル」にはそういう意味もあるのですが、その部分を拡大しすぎたために拒絶反応が生じているんです。これは教育界にとってマイナスでしょう。

実際のところ、相手に徹底的にケチをつける人間は日本社会のみならず、世界のどこに行っても嫌われるでしょう。社会人としては通用しない場合も多い。狭い意味でクリティカルを捉えると、そうなってしまいます。

「論理的ではない」という批判は、最も非論理的な攻撃。

クリティカルには狭い意味と広い意味があって、いずれも「相手の言うことをそのまま受け入れない」という点に関しては同じ。しかし、自分と相手の考えが異なる場合、自分は除外して相手だけを評価するのが狭い意味のクリティカル、自分も含めて評価するのが広い意味のクリティカルなんです。

狭い意味のクリティカルの場合、除外した自分は絶対化されやすいので、相手を評価するといっても、結局は相手を攻撃することになってしまう。一方、広い意味のクリティカルの場合、自分も相手も同等に評価の対象とするので、たとえ相手の話で納得できないところがあったとしても「それは絶対におかしい」というような攻撃的な反応にはならない。相手が異なるパラダイムでものを見ていたとすると、相手にとっては論理的であっても、自分にとっては非論理的に感じられる可能性があるからです。もっと低レベルの違いの場合もありますが、いずれにしても自分が絶対に正しいとはいえない以上、相手が絶対に間違っているともいえない。

とにかく相手との隔たりを埋めることが先決ですから、まずは「なぜそう思うのですか?」と質問するしかないんです。この、攻撃とは無縁の広い意味のクリティカルこそ、いま教育界に求められているものなのですが、なかなか浸透しません。

BOOK

クリティカル・シンキングと教育
日本の教育を再構築する
鈴木健、大井恭子、竹前文夫＝編
世界思想社／2006

清宮　いわゆる管理職研修などでは、自分の正しさや自分のフレームワーク、思考の枠組みに対して自ら問いかける力が、リーダーには重要だという話をしています。それができるようになると対話がしやすくなる。幹部会で対話できるというだけではなく、部下に対しても対話ができるようになるので、部下も巻き込みながらの行動計画や問題解決がしやすいコミュニケーションの場が設計できるんです。

対話がもたらす「考えて働く」環境

清宮　そうするとですね、みんな幸せになるんです。なぜなら、どちらが正しいかという論争をして、相手を否定して、ばっさり切り合う「果たし合いのような話し合い」はなくなり、血みどろに傷つけられることもなくなります。お互いに歩み寄りながらの生産的なコミュニケーションになるわけです。

それに、そういう対話の場ができると、実際自分が本当にやりたいことを、「あ、なるほど。やっぱりそれは重要だよね」と思いながら、納得したかたちでやることになりますから。

もちろんビジネスの現場では、力のある取締役や部長から正しい解答がすぐ

自分を除外して考える限り、
それは相手を攻撃するだけの
「クリティカル」でしかない。

に降ってくるような場合もあります。確かに答えは正しいかもしれないけれども、そんなふうに、上から「正解」を与えられても、普通、人はそれをリフレクションしない。クリティカルに考えることができない。指示・命令に対する反応として、ダウンロードするだけですよね。納得して自分のなかに持ってくることができないんです。実はこれが大きな問題なんですね。

いま、現場はものすごく忙しくなっています。ITが入ってきて、厳しい経済状況のなか一人の生産性は極限まで上げられ、やることがいっぱい増えています。自分で考えて、判断して、納得してということではなく、もうほとんどダウンロード状態で仕事をこなしている。毎日毎日、山のような仕事があって考える時間がない。

でも、考えないで仕事をしていると、メンタルな問題が出てきてしまうんです。うつ病などのメンタルヘルス対策は、いまや企業ではどこでも大変に大きな課題となっています。反対に、自分で考えて仕事ができるようになれば、やる気にもなってハッピーなんです。効率もよくなって生産性も上がるようになる。

ですから、疑問や質問を出させる場をフォーマルな場として意識的に設計することが大事になってくるんです。そのように組織の風土をみんなが考えて仕事ができるようにすることが、リーダーには重要な役割となっているわけです。

BOOK

ダイアローグ 対話する組織

中原淳、長岡健＝著
ダイヤモンド社／2009

リフレクティブな人が多い組織は幸せになる、現場を見ているとそういう感じがします。そして、リフレクティブな力がある人は、男の人だったら紳士、女の人だったら淑女ですね。とても素敵な方が多い。私の印象だと、グローバルリーダーとして成功している方は完全にそうですよね。人の話をちゃんと聞いて、受け止め、それをより俯瞰しながら相手にフィードバックできる人たちです。

もちろん、グローバルリーダーに限らず、ものごとをクリティカルに考える力やリフレクティブな力は、社会に出て本当に必要な力なんです。ですから、それは子どもの頃から養っていくべき大切な力なんだということを、家庭でも学校でも、大人たちみんながわかっている必要があると思います。学校でもそれを、もう少し土台のところから積み上げていくことができるようになれば、なおいいと思いますね。

グローバル・スタンダードの学力

北川 経済のグローバル化は教育にも大きな影響を及ぼしつつあります。商品が国境を越えてどこへでも移動するように、人材も国境を越えてどこへでも移動します。こうなると、例えば、工業製品の規格を国際的に統一したほうが便利なように、人材の規格も国際的に統一したほうが便利ということになる。つまり、どの国の労働市場でも必要とされる最低限の能力を、グローバル・スタンダードの学力として定義するということ。グローバル・スタンダードの学力が定義されれば、各国はそれに合わせて自国の教育を見直せばいいというわけです。

そして、実際に二〇〇三年に、OECD（経済協力開発機構）がグローバル・スタンダードの学力の定義についての最終報告を行っているんですね。いま日本の教育界を騒がせているPISAという国際テストも、このグローバル・スタンダードの学力の定義という流れのなかで行われてきたものです。

グローバル・スタンダードの学力については、実際にはややこしい定義があるのですが、国ごとにかみくだいた解釈があって、その最もシンプルな解釈によれば、「みんなで相談して問題を解決する力」ということになります。そして、この力を身につけるためには、先ほど紹介したデューイの「リフレクティブ・シンキング」のプロセスに習熟することが先決となります。

例えば、フィンランドでは、小学校三年生くらいまでにリフレクティブ・シンキングのプロセスに習熟することを目標にしていますが、なるべく早期に身につけると効果が大きいようです。

リフレクティブ・シンキングは科学的思考の基礎ですから、世界のどこで何をするにしても必要な技能といえるでしょう。だから、学校教育のなるべく早い段階で、それをきちんと身につけるようにしておけば、世界のどこでも通用する人材を育てることができるというんですね。

このように、教育はいま世界的に改変されつつあります。グローバル・スタンダードの学力が発表されたのは今世紀になってからなので、まだ日は浅いのですが、世界中の教育がそれを無視できなくなっているんですね。日本では、先ほども言ったように「クリティカル」の意味づけで難航していたりするので、うまく取り入れられていない部分もありますが……。

質問から始まる相互理解

北川 もちろん日本の教育でも良い実践はいくらでもあります。

例えば、兵庫県の山間部にある小学校で、一見すると古風な教育のようでいて、実際には広い意味でのクリティカルな力をつける授業をやっているところがありました。

その小学校では、班ごとでの話し合いや、クラス全体での話し合いをよくやっているのですが、そのこと自体は珍しくありません。話し合いのやり方も、全体として見れば三十年前とたいして変わらない、よく統制のとれた学級会のような感じです。

そういったなかで一つ目を引いたのは、だれかが意見を言ったとして、ほかの子どもがその意見に対して何かを言う時、最初に必ず「いまの意見はこれこれこういうことですか？」と質問していたことでした。つまり、相手の意見を自分がどのように理解したのかを示し、その理解が相手の意図に沿ったものかどうかを確かめてから、話し合いを続けていたんですね。

その小学校の校長先生によれば、「子どもたちは相手の話をよく聞かないで、勝手に誤解して喧嘩になることが多い。最初からちゃんと話を聞いていれば喧嘩にならないですむことがほとんどだ。だから、相手の話をよく聞くようにするためにこうしている」とのことでした。

まず相手の言い分を聞く。そして質問する。これは前にお話しした、極限状態の国際紛争における対話と同じ手法です。*2 これなら確かに喧嘩にはならないし、子どもにありがちな「言った」「言わない」の無益な論争にもなりません。

大人の議論でも「相手の話をよく聞かないで、勝手に誤解して喧嘩になることが多い」のが実情でしょう。議論で感情的になっている人は、自分が批判さ

*2 ▶第1部第1章　国際紛争における対話　P.12

れたことに怒っているというよりは、自分の意見が正しく理解されないまま批判されたことに怒っていることが多い。互いに理解が不完全なまま、互いに不当な批判をされたと逆上して、無益な論争を繰り広げてしまう。

相手の意見を聞いた時、「それはこれこれこういうことですか？」と要約して、自分の理解が正しいかどうかを質問する。ちょっとしたことではありますが、このちょっとしたことだけで無用な戦いを避け、話し合いを建設的なものにすることができる。まず相手の言い分を聞く。そして質問する。これはクリティカルな姿勢を培う出発点といえるでしょう。

自分も変わり、相手も変わる

清宮　一人だけがリフレクティブであっても、社会は変わらないかもしれませんが、みんながリフレクティブになることは、これから私たちが暮らしていくなかで、いいことになっていく、社会全体が上昇していく可能性があるんですね。リフレクションできるということは、変わることができるということです。

いまは変わることが「是」とされている世の中といいますか、非常に節目の時代にきていると思います。世の中のパラダイムも含めて、変化を感じている人も多いのではないでしょうか。変わらなければならない状況に私たちは置かれていて、それもいい方向に変わっていかなければいけない。変わっていく時に協働しながらいっしょに変わっていくことができるということが、そのCHANGEの土台ですよね。

北川 大きなCHANGEのためには、一つ一つの小さなCHANGEが重要です。例えば、私の指導している小学校では、話し合いをする前に必ず「自分の意見を変えても構わない」という規則を確認することにしています。意見を言ってしまったら最後までそれを押し通さなければならないという意識が、どうしてもまだまだありますから。

清宮 変えてもいいんですよね。

北川 変えてもいいというより、むしろ変わるのが自然です。他人の話を聞いて、「そうしたほうがいいじゃないか」と思ったらそれを採ればいい。それが自分を見直して、よりよいものに変えていくというリフレクションなのであって、自分が変わり、相手も変わる可能性があることが話し合いをするうえでの前提ですよね。それだからこそ、一八〇度かけ離れているような主張であっても、歩み寄りの契機が生まれるんです。

清宮　そういう視点を持っているから、まったく違うソリューションというか、新しい考えが生まれる余地があるわけでしょう。AとBがあるから違うものが生まれるということがある。AとAダッシュだけだったら、Aダッシュ・ダッシュしか生まれないかもしれないけれど、やっぱりBがあるから、Cが生まれる可能性もあります。それがいま、組織にも求められているし、個人にも求められている「変革」、CHANGEというのは、そういうことのような気がします。

北川　AがAを押し通す、BがBを押し通すという状態では、かえって話し合いによる解決は非現実的なものになってしまいます。現実の力関係に従って最終決定がなされるか、何らかの強制力が働いて解決がはかられることになりますから。その「力」がAかBか、あるいは、折衷案かを一方的に決めるだけです。

AとBという考え方があり、それぞれがリフレクションして、そこからCを生み出そうとすることで、初めて話し合いによって多様性を活かすことができる。こういう話をすると、「いかにも欧米的な発想だ」「北川さんは日本人じゃ

自分の意見が変わり、
相手の意見も変わる可能性があるからこそ、
180度かけ離れた主張であっても、
歩み寄りの契機が生まれる。

ないから」とか言われるのですが、実際はそうでもないんです。これは昔から東洋にもある基本的な考え方ですからね。

始まりを疑う――古今東西共通の哲学

北川　クリティカルな思考、リフレクティブな態度を学問的に推し進めると、あらゆる既存のものを根底にまで遡って検証し、確実に言えることは何かと考えていくから、デカルトなど超人的な天才であれば「残っていたのは考える自分だけだった」というような、すごい結論にたどりついたりする。もちろんそれができるのは世紀の天才だけでしょうけれど、少なくとも自分の専門分野については価値を根底にまで遡って検証し、一から再構築することが目標になってきます。つまり、大本からつくり直していくということです。

大人であっても子どもであっても、学びの基礎というのは、「なぜそうなるのか」という疑問を持つところから始まります。疑問を持たないことには学ぼうという意志も生まれない。それは決して、西洋的な概念、欧米的な概念ではありません。

孔子は、「どうしようか?」「どうしたらいいんだ?」と言わない弟子には、

BOOK
孔子
和辻哲郎＝著
岩波書店（岩波文庫）／1988

「どうしようもない」と言いました。「疑問を持たない弟子には何も教えようがない」ということを二千五百年ぐらい前に中国の哲人が言っているんですね。

もう一つ、リフレクションの基礎基本になるようなことを荘子も言っています。「知識はどこからくるんだろう？」というところから始まって、「人から聞いた」「では人はどこから知識を得たんだろう？」「本で読んだ」「では本の知識はどこから来たんだろう？」といった具合にどんどん遡っていく。そして最終的には「疑始」、つまり「始まりを疑う」というところにたどりつく。つまり、あらゆる知識の源泉は大本を疑うところにあるということです。これもまた二千年以上前の中国の思想です。

東洋の学びというと、先生の言うことを無批判に受け入れることと誤解されがちなのですが、実際にはすべてに疑問を持つことから始まります。リフレクティブ・シンキング、あるいは、クリティカル・シンキングは科学的思考の基礎ですから、西洋も東洋もないんです。西洋的な、欧米的な思想だから日本では受け入れがたいとか、そういうことは本来ならばないはずです。

すべてに疑問を持つところから、
すべては始まる。

協働する力、ともに学ぶ楽しさ

清宮　「状況がわからないから質問できません」「内容がわからないから質問できません」と言われることがよくあります。でも、わからないからこそ、質問をするんですよね。知らないから、知識がないから質問できないということでは意味がない。情報を知らなくてもできる基礎的な問いというものもあるわけですから。

例えば、「何に困っているのか?」「だれが知っているのか?」「いつから問題と認識されていたのか?」など、5W1Hで始まるような質問です。適切な質問力があれば、状況把握は非常に早く行えます。

情報を知らないと質問できないというのは、自分の頭のなかでよけいなことをいろいろ考えてしまって、素直な、ある意味、他人から単純だ、愚かだと思われるような質問をすることができないということなんです。そこを超えて、前提にとらわれない真っ白な状態でする質問は、チームに新しい気づきや発想を生み出す可能性を持っているので、協働の場においてとても大切なものになるんですね。

問いをつくれるかつくれないかというのは、あらゆる問題解決において非常に重要なファクターなんです。ビジネスにとっても、そこを鍛えるということが鍵になると思いますし、そういう力や知恵を伝播していかないと組織の力は強くならないという感覚がいま、産業界にはあります。

こういう不況になると、社長が自ら現場に出て行って、「俺についてこい」となるようなことも多い。でも、組織として全部社長が考えなければならないとすると、それは無理です。それに、解は一つだけではないということも、みんなわかっている。そういう状況で、リフレクティブなリーダーが、リフレクティブな部下をどう育成していって、いかに集団や組織の力を向上していくかということに人材教育や組織開発の課題もシフトしています。

基本的には、みんなでものを考える力が集団としての力とか、社会としての力の土壌となると思うんです。ですから、環境にしても、食の問題にしても、平和の問題にしても、いろいろと課題が多い私たちの社会は、このような力を強化していかなくてはいけないと思っています。

その時のリフレクションや質問の力をどうやったら強化できるかということをずっと私たちは扱ってきているのですが、やはり、実際にビジネスの現場で体験的に考えることが、そのためのとてもいい機会になっています。人といっしょに何かをする時、相互作用の場にいる時がいちばんリフレクティブになりますし、質問の形成力も磨かれます。例えばいま、こうやって話していることが、とてもいいリフレクションになるんですね。一人で何かをやるというのではなくて、相互作用が起きるような場を設計することが重要だと思います。

北川　それはもう、教育の世界でも強く言われていることです。

例えば、先生の質問は、指名した一人だけに向かうものではなく、みんなに向かうもの。指名された一人は先生に向かって答えるのではなく、みんなに向かって答える。そういう体制を教室内にまずつくることが、いちばん重要な点だとされています。単純にいえば、一人で学ぶよりも、みんなで学んだほうが楽しいですし。

清宮　そうそう、楽しいんですよね。

北川　みんなで学んでいるという実感があって、初めて仲間の存在の意味、自分の存在の意味が見えてくる。せっかく仲間がいるのに一人ずつが切り離されて、先生の質問に孤独に答えていくというのでは寂しいでしょう。個別に学ぶこと

BOOK
教育×破壊的イノベーション
教育現場を抜本的に変革する
クレイトン・クリステンセン、マイケル・ホーン、カーティス・ジョンソン＝著／櫻井祐子＝訳
翔泳社／2008

が教育の本来の姿なんだという考え方もありますが、集団で一斉に学ぶ体制ができあがって久しいのだから、集団の利益というか、ともに学ぶ仲間の存在を活かしたほうが得策でしょうね。

清宮　そうなんです。とくに経営幹部になってくると、他人から教えられることに絶対納得がいかない人も出てくるんです。もう教えてもらうことはないと言う。そうすると自分から学ぶしかないのですが、思考の枠組みが固い人はそれがけっこうつらかったりしています。

でも、そういう人たちでも、他の人が何かやっているのを見たりするとリフレクションしやすいんですね。だから、会社でも、やはり協働の場を設定して、それを促進していくことは大変に重要です。

もっと言うと、人が人と働く場というのは、理想的なかたちでいえば、他の人がリフレクションする姿を見ることによって、自分も自分自身の思考の枠組みを問う、そういう相互作用が自然に起こる場所であるはずなんですね。

いっしょに考えるようになると、先ほどもおっしゃっていたように、「貢献感」や、「やった感」のようなものが出てきて、とても高揚する時があります。みんなでいっしょに考えていると幸せな感じになるんです。ちょっとした「フ

“ともに学んでいる”という実感があってこそ、
仲間の存在の意味、自分の存在の意味が
見えてくる。

ロー体験」といいますか。そのチームや相手が好きになる。

私たちはみんなで考えることを「チーム脳」と言っているのですが、[*3] そういう状態になると、自分がただプロダクトアウトしているだけではなくて、人としての居場所みたいなものが、働く場所にちゃんと位置づけられているために、メンタルの問題が非常に少なくなってくるんです。

新たなつながりの可能性

北川 いまの社会は、一人一人が切り離された状態にあるといいます。学校を出たら会社に勤め、そのまま定年まで勤め上げるというような「人生の当然のコース」はなくなりつつある。みんなと同じように考え、みんなと同じように行動していれば人並みの幸せが約束されるという時代でもない。そういうなかで、みんなで相談して問題を解決していこうという発想はとても重要です。一人一人が切り離されたままで生きがいを見出していけるならばいいのですが、それもなかなか難しい。

伝統的な価値や権威が失われて旧来の秩序が維持できなくなり、そのなかで一人一人が切り離されていくという状況にあって、みんなで考えよう、みんな

BOOK

フロー体験とグッドビジネス
仕事と生きがい

M・チクセントミハイ＝著／大森弘＝監訳
世界思想社／2008

＊3 ▶ブックガイド◎「チーム脳」のつくり方 P.174

で解決していこうという意思と姿勢を一人一人が持つことは、社会に秩序を再構築する契機になるのではないでしょうか。

その一方で、上司の言うことは黙って聞くものだと思っている人にしてみれば、みんなが自由に意見を出していくような状況は社会秩序を乱すものに感じられることでしょう。伝統的な価値や権威を取り戻すために、旧来の道徳を徹底させなければならないと思うことでしょう。社会の大きな変化のなかで、いまはそういう揺り戻しのような段階にあるのかもしれません。

ただ、そういう人たちを説得して、「いまはもうそういう時代じゃないんだ」と価値観の転換を迫ることが目的ではない。伝統的な価値や権威を守ろうとする人たちもまた、それによって多様性に貢献しているのですから、そういう人たちも含めて「みんなで相談して問題を解決する力」を育もうというのが、いま世界で求められているグローバル・スタンダードの学力だと思います。

一人一人が切り離された現代社会。
「対話」「協働」をキーワードに
新たなつながりのかたちを模索する。

コラム

質問会議のポイント

清宮普美代

質問会議は、アクションラーニングにおけるプロセスの鍵となる会議体を示しています。

アクションラーニングは、文字通り「行動から学ぶ、学んだことから行動を起こす」ことを意味し、現実の問題解決をチームで行うプロセスのなかで、個人、チーム、組織が成長（＝学習）をする、問題解決と学習を同時に行う手法です。イギリスの物理学者レグ・レバンス（1907－2003）が提唱しました。その手法をより実践的に、問題解決と学習のバランスをとりやすいフォーマットとして提示したのが、マイケル・J・マーコード（1943－）のマーコードモデル（質問会議）です。

この質問会議のフォーマットには、「ルール」、「チーム規範の設定」、会議の「進行手順」が組み込まれています。実践知のなかから「対話」を生み出し、チーム学習が生まれやすいフォーマットとなっています。

ルール

質問会議のルールは二つです。

ルール1　質問を中心としたコミュニケーションをすること
ルール2　振り返り時間をとること

自分の意見を自身から語りだすことは、第一のルールによって禁止されています。また、第二のルールの「振り返り時間」では、ファシリテーター役として、アクションラーニングコーチ（ALコーチ）を設定し、彼・彼女に従うことを設定しています。

このALコーチは、チームのリーダーではありますが、従来型リーダーとは異なる役割期待があり、チーム活動における自発的な振り返り、つまりリフレクションを誘発する関わりをします。「指導的な立場で問題解決を誘導する」という関わりはしません。設定したコミュニケーション様式を守るために、ALコーチが見張り役となり、自発的に振り返る時間をとります。この振り返りの時間によって、単に進行プロセスの確認だけでなく、問題解決そのものやチームメンバーへの理解が促進されたり、思考そのものが深まったりします。

チーム規範の設定

質問会議では、開始前にチーム規範を設定して、その遵守をメンバーに求めます。

チーム規範の主なものは、

- 安全（守秘義務）
- コミットメント（積極的な関わり）
- 共有とサポート
- 平等と尊重
- 傾聴と自分自身への振り返り
- 糾弾しない（課題そのものに注意を向ける）

というようなものですが、チームごと、会議ごとに自由に設定してよいものです。

進行手順

質問会議のステップ

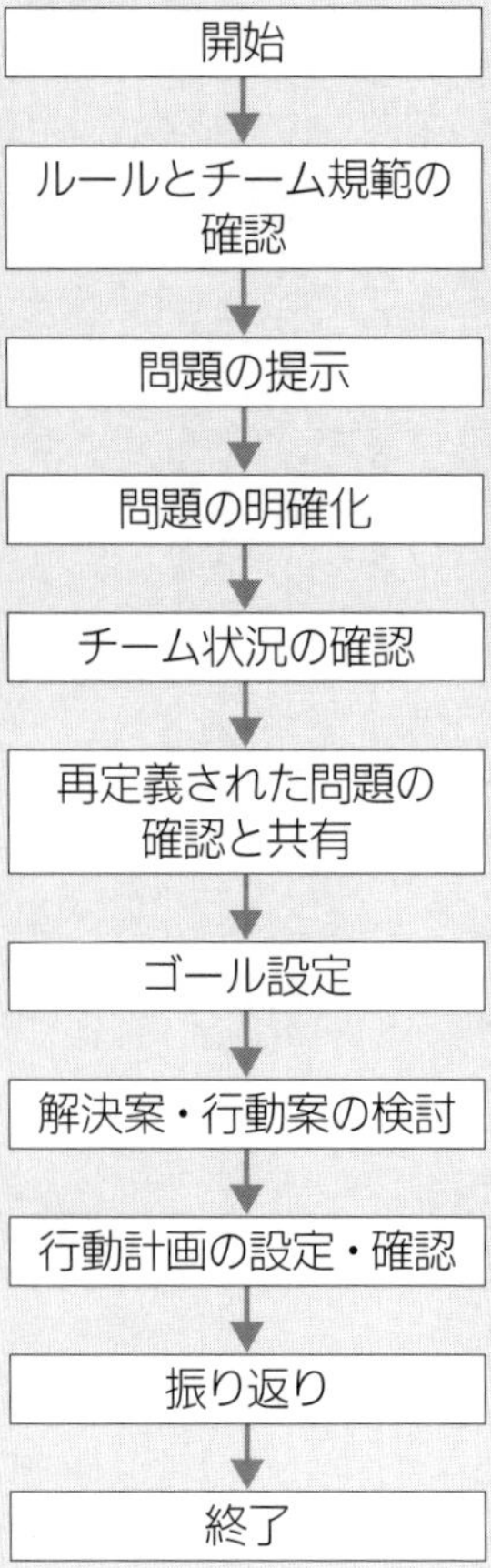

質問会議では、まず、現実に困っている問題を提示し、それを明確にしていくことをチームで行います。

あくまでも問題を明確にするのであって、問題解決策を考えるのではありません。当初提示された問題は、共通認識のなかで変化していくことになります。このフォーマットによって、いろいろな視点から問題が浮き彫りになり、問題そのものも本質化します。また、問題を全員で再定義することによって、メンバーのなかで共通の認識が生まれます。

このプロセスのなかでは、問題そのものの捉え方の違いや、違和感が表出しやすくなり、通常の会議で往々にしてある「納得できないまま進行する」ようなことがなくなります。また、この際に生じるある種のコンフリクトも、質問中心のコミュニケーションやチーム規範の遵守を促すＡＬコーチの存在によって、対立を生み出すのではなく、対話を生むかたちに転化されます。

会議の進行は常に、全員の同意を得ながらステップを進んでいきます。そのなかで対話型のコミュニケーションが進行していくと、理解が進み、シンパシー、エンパシーが生まれやすくなります。

問題が明確になれば、ゴールも明確化され、問題解決策もメンバーのなかに共通の像として得やすくなります。こうして、大きな問題であったとしても、解決のための第一歩としての行動をメンバーのコミットメントを得ながら設定することができます。

こうしたプロセスのなかでは、納得感のある行動計画が設定されるので、実際に行動する動機付けが高くなり、必ず解決行動が起こります。

チーム活動において、行動計画を実践することは重要です。

なぜなら、行動の結果として、問題解決に向かってのフィードバックが起こるからです。このフィードバックによってもたらされた情報によって問題解決は進んでいきます。また、行動することそのものがチームとしての一体感を醸成するという効果もあります。そして、継続した活動のなかで、チームとして合意している行動がなされ、（次回の質問会議で）その結果が報告されることにより、チームとしてのアクションラーニングプロセスを進行していくことになります。

そして、最後に振り返りの時間を必ずとります。そこで、チーム活動を振り返り、だれに言われたからではなく、自律的に考え、行動することを定着させていくことになります。また同時に、この会議で得られた自分自身の学びを定着し、他に転用することができるようになる仕組みが埋め込まれています。

＊

これらのフォーマットを利用したリーダーシップ開発プログラムなどにおいては、ＡＬコーチの役割期待を導入し、その実践（質問会議）を行うことにより、強制的に対話型コミュニケーションの体感を生み出し、その経験のなかから、問題解決と成長をチームに呼び込むリーダーとしての関与の仕方を学ぶようになっています。

そして、トレーニングを重ねるなかで、質問会議におけるＡＬコーチとしての関わりや問いは、リーダーとして自分を含めたメンバーの対話を生み出し、思考を促進し、行動を引き起こす、つまりは、学習を誘発するものになっていきます。

質問会議は、これらの仕組みを融合した、アクションラーニングプロセスを促進する実践知の統合されたアプリケーションフォーマットであるといえます。

第2部

対話思考のトレーニング

第4章

スキル1　メタレベルの合意形成
――歩み寄りのポイントを探る

「闘うコミュニケーション」から「歩み寄るコミュニケーション」へ

北川　同調性の強い集団においては、「闘うコミュニケーション」にも多少は意味があります。同調性が強いうえに、個が集団に埋没していますから、なかなか多様な意見が出てこない。そこで、意識的にせよ、そうでないにせよ、意見を激しく戦わせることによって、多少は多様性が確保できるという面もあります。感情的に戦うと遺恨が生じるかもしれませんが、もともと価値観を共有している集団なのだから、その遺恨もまた集団のなかに埋没していくことでしょう。

しかし、前に極限状態の国際紛争のところで話しましたが、[*1]価値観の共有がない状態では、そもそも「闘うコミュニケーション」は機能しません。

例えば「この土地は千年前に神様からもらった。だから自分たちの土地だ」と言う人たちと、「この土地には自分たちが千年前から住んでいる。だから自分たちの土地だ」と言う人たちの間で、どのようなコミュニケーションが可能でしょう? 主張は真っ向から対立していますし、完全に相互排除的な内容ですから、ただ言葉を戦わせても何の解決にもなりません。そして言葉を戦わせても何の解決にもならないからこそ、武器を持って戦ってしまう。

ここで「歩み寄るコミュニケーション」という発想が出てくる。いわゆる「対話」のことです。それぞれの主張が相手を排除するかたちでしか成り立たないとすると、実力で解決するのでなければ、あとは互いに歩み寄るしかないという発想です。

では、どうやって歩み寄るのか。価値観の共有がなく、主張が真っ向から対立している状態では、どれほど言葉を巧みに使いこなしても解決には結びつきません。それぞれの主張の背景にあるもの、それぞれの価値観の前提となっているものにまで遡って、初めて歩み寄りの契機が生まれます。

価値観の違いは、価値の優先順位の問題として捉えることができます。相手

*1 ▶第1部第1章　国際紛争における対話　P.12

がどのような価値を第一としているのか。その価値を第一とすることに正当性が認められるかどうか。それを考えることが対話の第一歩になります。自分の価値の優先順位を絶対化してしまうと対話になりません。

例えば、「平和」という価値を第一に考える人であれば「戦争をやめよう」と主張するでしょうが、何らかの理由で「平和」という価値の優先順位が下がってしまった人だと「戦争をしよう」と主張するかもしれません。ここで「戦争をしよう」と主張する人を絶対悪と決めつけるのは簡単なのですが、それでは対話にならない。その人はどのような価値を第一に考えているのか？　なぜその価値を第一に考えているのか？　その人は「平和」を価値として認めているのか、それとも認めていないのか？　認めていないとすると、なぜ認めていないのか？　このように、自分とは完全に相容れない考えを持っている人についても、「話にならん」と切り捨てるのではなく、その考えの正当性を認められるかどうかを考えていかなければなりません。それが対話です。

相手の正当性を段階的に認める

北川　少し前のことですが、東京近郊の圏央道という高速道路の建設をめぐって、

BOOK
地球の政治学
環境をめぐる諸言説
J・S・ドライゼク＝著／丸山正次＝訳
風行社／2007

環境保護の観点から反対運動がありました。建設予定地に絶滅危惧種の営巣地があったことなどが建設反対の理由だったように記憶しています。こういう対立は日本中で見られるものだと思いますので、対話の事例として単純化して考えてみましょう。

建設推進派は「高速道路を建設する」と主張し、建設反対派は「高速道路を建設してはならない」と主張しているとします。主張は真っ向から対立していますし、完全に相互排除的な内容ですから、このまま言葉を戦わせたところで問題は解決しないでしょう。

そこで、第一段階として、双方の「価値の優先順位」を考えてみます。

推進派は道路の「利便性」を第一に考えているし、反対派は「環境」を第一に考えています。ただ、推進派にしても「環境」の価値を知らないわけではないですよね。また、反対派にしても、道路の「利便性」という価値を完全に否定するわけではないでしょう。ならば、少なくとも価値の優先順位に関しては、「自分はそうは思わないが、相手がそう思うことも理解できる」と、相手の正当性を認めることができるのではないでしょうか。

第二段階として、双方の「発想」を考えてみましょう。

この場合の発想とは、それぞれの価値の優先順位に由来する考えのことです。

自分の価値の優先順位を
絶対化しない。

推進派は「高速道路建設は利便性に資する」と考えているし、反対派は「高速道路建設は環境を破壊する」と考えています。この時点で、すでに真っ向から対立しているように見えますが、それぞれの価値の優先順位を考えれば、当然の発想といえるものですよね。当然の発想であるならば、これについても、自分はそうは思わないが、相手がそう発想することも理解できると、相手の正当性を認めることができるのではないでしょうか。

第三段階は、双方の「主張」ということになります。

それぞれの価値の優先順位と、それに基づく発想からして、「だから高速道路を建設する」と「だから高速道路を建設してはならない」になるのも当然のことでしょう。真っ向から対立している状況に変わりはありません。けれども、ここにいたるプロセスにおいて、価値のレベルにまで遡って相手の正当性を認めてきていますから、もはや相手を絶対悪として罵倒する気分にはなれないのではないでしょうか。

第四段階は、歩み寄りによる「合意形成」です。現実に可能かどうかはともかくとして、お互いの正当性を段階的に認め合った結果、お互いに歩み寄る気になれば、合意形成することができます。

例えば、当初の建設計画を環境に配慮して大幅に変更し、推進派が「利便性

BOOK
誰が科学技術について考えるのか
コンセンサス会議という実験
小林傳司＝著
名古屋大学出版会／2004

が多少は損なわれるがしかたない」と考え、反対派が「環境が多少は損なわれるがしかたない」と考えれば合意形成が成り立ちます。これだと結局は高速道路が建設されたのだから、推進派の勝ち、反対派の負けというように見えるかもしれませんが、お互いの正当性を認め合ったうえでの合意形成なのだから、勝ち負けで考えるべきではないんですね。同じように、これまでのプロセスをたどってきて、最終的に高速道路建設計画を白紙撤回することで合意形成したとしても、反対派の勝ち、推進派の負けと考えるべきではありません。第三者的には勝ち負けで考えたほうが気分はいいかもしれませんが、こうやって対話のプロセスをたどってくると、もはや感情で語れるレベルではなくなってしまうんですよ。

妥協―歩み寄りによる合意形成

北川　対話による合意形成は、おおむねこのようなものですから、よく「それは妥協ではないか」と否定的に捉えられることがあります。これはその通り、妥協なんですよ。しかし、妥協で何が悪いのでしょうか。

相手を完全に説得して納得させて解決するのが理想的なのはわかりますが、

主張が真っ向から対立している状況では難しいでしょう。結局のところ、平行線をたどるか、あるいは、何らかの力が働いて強制的に解決することになってしまう。あくまでも話し合いで解決しようとするならば、歩み寄りによる合意形成、つまり、妥協を目指すのが現実的なのではないでしょうか。

ただ、対話は合意形成を目指すものではありますが、対話をしたからといって必ずしも合意形成できるとは限りません。対話のプロセスをたどってみても、まったく相手の正当性が認められなければ、どうしようもありません。また、最終的に妥協点が見出せなければ、合意のしようもないからです。これもまた現実というものなんです。

けれども、合意形成できないから対話が無意味かというと、そういうことではない。対話のプロセスにおいて、相手の意見や価値観の成り立ちを知り、そこに正当性が認められるかどうかを考え、歩み寄りのポイントを探すことには大きな意味があります。潜在的な問題の所在がすべて明らかになるし、何よりも相手の言い分を深く理解することができるからです。

教育における対話の意味も、合意形成という結果を求めることよりも、むしろそのプロセスを体験することにあります。自分と相手の意見が違う時に、価値の優先順位のところにまで遡って、相手の正当性を認められるかどうかを段階的に検証していく。そのプロセスにおいて、相手の意見や価値観の成り立ちについて深く考えることになるし、それによって自分の意見や価値観にも大きな影響が与えられます。自分とは異なる考えの正当性を認められるかどうか。異なる考えに触れて、自分の考えが変わるかどうか。このあたりに対話教育の醍醐味があるんですね。

価値観に遡る質問

清宮　「質問会議」の研修でもそれをやるんです。対立点が明確になったところで、その前提になることを問う。これはトレーニングができていないと難しいのですが、「自分の価値観を問うような問いかけをしてください」と言って、思考のプロセスの共有化を行います。

思っていることをそのままぱっと言うのではなくて、また、対立している考えをそのまま対立だというふうに言うのではなく、その根底にあるもの、価値観を問う。自分に対しても問うし、人に対しても問う。こういう、対話を生み出していくプロセスを「質問会議」ではフォーマットとして用意します。[*2]

対話は妥協を創造するプロセス。

＊2　▶ブックガイド◎質問会議　P.8

北川　価値というと、高速道路の例では「環境」と「利便性」を挙げましたが、そのほか「生命」や「平和」などさまざまな価値があります。こういう例を挙げると、どれも絶対的なもののように、人間ならだれでも疑いなく持っているもののように思われますが、必ずしもそうとは言えない。高速道路の例の「環境」と「利便性」のように、状況によっては両立しない価値もあります。

また、何を第一と考えるかについても、自分が内心で「絶対に平和が第一だ」と考えるのはいいのですが、それ以外の考えの正当性すら認めないのでは対話が成り立たない。価値観の違う相手とは問題解決できなくなってしまうんですね。

自分がどのような価値を絶対と考えるにせよ、相手と対話をするとなったら、自分にとっての絶対的価値も、相手にとっての絶対的価値も、同じ話し合いのテーブルの上に載せていく。そこに対話の糸口が生まれる。

現実の国際紛争や内戦における対話で絶対的な価値というと、根底に絶望的な貧困があるうえに宗教的信念があったり、民族的アイデンティティがあったりするので、そうそう簡単にはいかないのですが、事態が本当に深刻であるならば、いかなる価値であっても同じテーブルに載せざるを得なくなります。もちろん、紛争解決のための対話となれば、まずは参加することが前提であり、

BOOK

Asking the Right Questions
A Guide to Critical Thinking
M.Neil Browne, Stuart M.Keeley＝著
Pearson Education／2007, 8th edition

解決する意思のあることが絶対的な条件になりますけれども。

現実の紛争をなんとかしようということになれば、もちろん対話が始まっても、それぞれ手前勝手なことを言うのですが、相手の言い分を聞かないことには解決のしようもないので、とりあえず聞く。聞いていて納得できないところは、質問する。相手の主張を聞くと腹が立つから、むしろ価値の優先順位くらいまで遡るような質問をしたほうがいい。こうやって対話のプロセスが始まるんですね。

感情の留保

北川　対話のプロセスをたどる時に必要なのは理性です。感情ではない。感情的に「環境の大切さがわからない奴なんて人間じゃない」などと言ってしまうと、相手の考えの正当性を認めるどころではなくなってしまう。対話においては、相手の主張を聞いてどれほど腹が立ったとしても、その感情を留保して、理性で話し合うことが肝要です。

自分とは相容れない価値観の持ち主と話すと、むしょうに腹の立つこともあります。それでもなお感情を留保して、価値観とは価値の優先順位の問題なのだと自分を説得できれば、本当の意味で多様性を受け入れていくことができる。ローカルな場面であろうが、グローバルな場面であろうが、対話を成立させることができるんです。

こういうトレーニングを教育の場にも導入しようとしているのですが、「対話」の「歩み寄るコミュニケーション」、つまり「闘わないコミュニケーション」というイメージがなかなか伝わりにくいようです。話し合いの学習というと、丁々発止・甲論乙駁の議論という旧来のイメージが根強くあるような感じがします。現場の先生たちにとっては、ディベートのように勝ち負けをはっきりつける「闘うコミュニケーション」のほうが、子どもたちが乗ってきやすいという理由もあるようですが。

もちろん、丁々発止や甲論乙駁がいけないというのではなく、単なる練習として認識してやるのならばいいと思います。しかし、「闘うコミュニケーションこそ国際的なコミュニケーションなのだ」というような風潮には危惧を覚えます。言語や文化が異なり、価値観の共有を前提としない国際的な場面こそ、「闘わないコミュニケーション」、つまり、「対話」が必要なのですから。

かたや、私たちが日常的に目にする議論というと、テレビでは相変わらず政治家たちが「闘うコミュニケーション」を繰り広げています。まったく問題解決には結びつかないような戦いのことも多く、「闘うコミュニケーション」としても、「闘わないコミュニケーション」としても、子どもたちのお手本には程遠い。

対話する集団、話し合いの文化

北川　与党が何かを言うと、野党が真っ向から否定するようなことを言うのは、まさに「闘うコミュニケーション」の典型ですが、これは日本の同調的な社会では多少の意味があったのだと思います。また、現在の日本の政治制度からすると、与党にしても野党にしても、現実にはあのようにするしかないのでしょう。二大政党制が理想だと言われることがありますが、これも完全に「闘うコミュニケーション」の世界なんですよね。

とはいえ、日本がさまざまな危機に直面し、また社会も多様化している現状からすると、与党も野党も少しは歩み寄って、協力して問題解決する姿勢を見せてもいいんではないか、と思ってしまいます。対立点はきちんと明らかにする。しかし、お互いに正当性を認めるべきところは認める。これからの時代は、政治家こそ、そういう「闘わないコミュニケーション」のスキルを身につけ、国民に手本として示していくべきなのではないかと思います。

清宮　選挙で、数の論理で決着をつけて意見を通していく。はじめから対話をするつもりがないように感じますよね。

北川　数の論理といいますが、対話の観点からすると、多数決による合意形成というのは、結局のところ多数派による強制なんですよ。もちろん、そうしなければ何も決まらない。しかし逆にいえば、それで何でも決まってしまう。少数派の意見の尊重とか、少数派の意見にこそ真実があると言ったところで、多数決で負けてしまえばそれまででしょう? ならば、なおのこと、多数決にいたるまでの過程は、対立する主張が歩み寄って妥協点を見出していくような、対話のプロセスであるべきでしょう。

フィンランドの議会には「未来委員会」という常設委員会があります。これは、国家の将来について、超党派で考えるために設置された委員会です。国の進むべき方向について、政治、経済、外交、環境などの分野について、年ごとにテーマを決めて話し合い、その結果を報告書にして発表しています。ほかの国でも、こういった委員会が臨時に設置されることはありますが、フィンラン

BOOK
フューチャーサーチ
利害を越えた対話から、みんなが望む未来を創り出すファシリテーション手法
マーヴィン・ワイスボード、サンドラ・ジャノフ＝著／香取一昭＝訳
ヒューマンバリュー／2009

ドのように常設にしているのは珍しい。まさに「対話する集団」が、常に国の未来のことを考えている。国の将来を真剣に考えているからこそ、こういう発想も生まれるのでしょう。日本の国会にも、政治家が主義主張を超えて、目先の問題ではなく、国の将来について真剣に話し合える場があるといいのではないでしょうか。

清宮　そうですね。実際、組織開発の現場でも、「ラージグループ・インターベンション（大グループ介入）」という、ミーティング手法がたくさん出てきています。組織の利害関係者を一堂に集めて大人数のなかで対話を生み出していくので、「ホールシステム・アプローチ（全体関与）」とも言います。簡単に言うと、集団内の個々の思考のベクトルを合わせて、集団の知を生み出していくというファシリテーション手法なんですね。

これらの手法は、実際欧米では、会社に限らず、学校や行政、地域社会のコミュニティで取り入れられて効果をあげているようです。

そのなかの一つに「フューチャー・サーチ」というものがあるのですが、例えば、ある地域をよくするために行動計画をつくろうということになったとします。その時に、その地域に関わるいろいろな立場の人たちを集めて、十年後、

対立点を明確にしながらも
認められるところは認め合う。
対話の風土を社会全体に根づかせていく。

あるいは二十年後のその地域の未来像を協同でつくりあげていくという作業をするんですね。そこには、みんながいっしょに話し合うための、つまり、大人数でアクションプランを作成していくための対話の場がデザインされているんです。

「フューチャー・サーチ」に限らず、「ワールド・カフェ」、「アプリシエイティブ・インクワイアリー」など、私がアメリカにいた頃に実行され始めて注目されるようになっていたものが、最近日本にも紹介されていますから、これからは、たくさんの人数が集まる場においても、話し合いが活発に行われるということになっていくのかもしれませんね。

BOOK
ワールド・カフェ
カフェ的会話が未来を創る
アニータ・ブラウン、デイビッド・アイザックス＝著／香取一昭、川口大輔＝訳
ヒューマンバリュー／2007

第5章

スキル2　PISA型読解力
——情報を取り出す力・推論の力を鍛える

PISA型読解力とは何か

北川　二十一世紀の日本の教育界における目下の話題は「PISA」だといえるでしょう。PISAとはOECDが実施している国際テストで、二〇〇〇年から三年ごとに行われています。対象は義務教育を終えたくらいの生徒。日本では高校一年生が受けます。科目は「数学」「科学」「読解力」の三つ。参加国は年々増えていて、二〇〇六年に実施した時は五十七カ国が参加しました。

なぜPISAが話題になったかというと、その国際テストでの順位がどんどん下がっていったからで、これはまさに学力低下を示す証拠だということで大騒ぎになりました。「ゆとり教育」の見直し、学習指導要領の改訂、全国学力テストの内容など、すべてPISAの影響を強く受けています。

実はこのPISAという国際テストこそ、前にお話ししたように[*1]グローバル・スタンダードの学力を測定するものなんです。だから、この国際テストで成績がふるわないということは、これからの世界を生き抜いていく力が弱いということになるので、確かに由々しき問題であるわけです。

グローバル・スタンダードの学力については、「みんなで相談して問題を解決する力」というシンプルな解釈を示しましたけれども、この「みんな」とはだれのことかということが問題なんですね。グローバル・スタンダードということを考えれば、友達とか家族とか、自分のよく知っている人だけではないんです。「みんな」とは「世界中のありとあらゆるみんな」ということで、価値観のまったく異なる人、利害が対立している人、激しく敵対している人までもが含まれます。

グローバル・スタンダードの学力を「世界中のどこのだれとでも相談して問題を解決する力」と言い直せば、これはまさに「対話の力」ということになります。価値観のまったく異なる人、利害が対立している人、激しく敵対してい

BOOK

本を読む本

モーティマー・J・アドラー、チャールズ・ヴァン・ドーレン＝著／
外山滋比古、槇未知子＝訳
講談社（講談社学術文庫）／1997

＊1 ▶第1部第3章　グローバル・スタンダードの学力　P.60

る人とでも相談しなければならないとすると、「闘うコミュニケーション」ではなく、「闘わないコミュニケーション」、つまり「対話」をしなければならないでしょう。

対話という観点からすると、PISAの読解力のテストが参考になります。読解力のテストとは、おおざっぱにいうと国語のテストなのですが、日本の国語のテストとは大きく異なる。一応は国語のテストですから、物語を読んだりするところまでは同じなのですが、その物語を「相手」に見立てているんですね。そして、物語という「相手」の言い分をよく聞き、その価値観を知り、価値観の正当性を評価し、それを自分の価値観と比較しながら、物語という「相手」の言い分に応えるかたちで自分の意見を述べることが求められています。これは対話のプロセスとほぼ同じ。つまり、PISAの読解力のテストとは、物語などのテキストと対話する力を問うものともいえるのです。PISAの読解力を「コミュニケーション型の読解力」ということがあるのは、そのためです。

情報を取り出す力―インフォメーションからインテリジェンスへ

北川　PISAの読解力は「情報の取り出し」「解釈」「熟考評価」という三つの活

PISA型読解力とは、
テキストと対話する力。

動で成り立っています。この三つのうち「解釈」が中核となる活動なのですが、ここでは「情報の取り出し」から順番に説明していくことにします。

日本の国語教育で「情報の取り出し」というと、ほとんどの先生は5W1Hを思い浮かべます。物語なら「いつ」「どこで」「だれが」「何をした」というような情報ですね。確かに、5W1Hの情報は読解でも作文でも重要ですし、それがわかっていなければ何も始まらない。

しかし、PISAの読解力で、そういう情報を取り出す活動はまず存在しません。これだと「発見する」要素が強く、「考える」要素が弱いということもありますが、そもそも「情報」の捉え方が異なるんですね。

実はPISAの「情報の取り出し」の活動は、スパイや外交官の仕事に似ています。

例えば、「隣国の独裁者が重病らしい」という噂が流れたとしましょう。ただちに「独裁者が重病であることを裏づける情報を収集せよ」という命令が下され、スパイや外交官は「先月から独裁者は姿を見せていない」とか「某国から医師団が招聘された」といった情報を集めてくる。このような情報活動と、PISAの「情報の取り出し」は本質的には同じものなんです。

先ほどの「噂」を「解釈」と考えると、解釈の根拠となる情報、あるいは、

BOOK

OECD 生徒の学習到達度調査
PISA 2006年調査　評価の枠組み
国立教育政策研究所＝監訳
ぎょうせい／2007

解釈の手がかりになる情報を集めることが、ＰＩＳＡの「情報の取り出し」です。常に解釈との関係性を考えながら、多数の情報から有用な情報だけを選び出さなければなりません。その意味で、単に５Ｗ１Ｈの情報を取り出す活動よりも「考える」要素が強いんですね。

このように解釈を成り立たせていくような情報をインテリジェンス、単なる事実の断片としての情報をインフォメーションといいます。ＰＩＳＡの「情報の取り出し」は、インテリジェンスを取り出す活動ということです。

おもしろいことに、同じ内容の情報であっても、質問の仕方によってインフォメーションにもなれば、インテリジェンスにもなります。

例えば、「桃太郎が腰につけていたモノは何か？」と質問すれば、「きびだんご」という答えが返ってくる。この場合「きびだんご」という情報はインフォメーションです。しかし、「桃太郎がイヌ・サル・キジを家来にするうえで重要な役割を果したモノは何か？」と質問すれば、答えは同じ「きびだんご」ですが、これはインテリジェンスです。こうして並べてみると、前者は欠けた情報を穴埋めするような活動、後者は複数の情報を統合して「きびだんご」という情報に結びつけていく活動であることがわかるでしょう。思考プロセスが違うんですね。

清宮　そのＰＩＳＡで測られる「取り出す能力」というのは「問いをつくれる能力」ということでもあるのでしょうか。

北川　そうですね。インテリジェンスとしての情報は解釈との関係性のなかで存在するものですから、逆コースとしての活動、つまり、「情報を取り出させるような問いをつくる能力」も常に意識しておく必要があります。これは次の「解釈」の活動にも関連することです。
　教室では「物語の中から答えの見つかる問いを考えましょう」というような活動をします。この場合は５Ｗ１Ｈの情報、つまり、インフォメーションを探す問題をつくるところから始めますが、やがて「この物語は悲しいお話だと思います。文章の中から、読むと悲しくなるところを探してください」というように、インテリジェンスとしての情報を求めるような問いをつくるようにします。

解釈──点と点を結ぶ

北川　次は「解釈」という活動です。「解釈」という言葉は厄介で、日本語では「英

インテリジェンス入門
利益を実現する知識の創造
北岡元＝著
慶應義塾大学出版会／2003

文の解釈」とか「古文の解釈」というように、「意味や内容を解きほぐして明らかにすること」という意味合いが強い。しかし、ＰＩＳＡの「解釈」は「推論」を意味します。

先ほどの「情報の取り出し」との関係でいうと、インテリジェンスとしての情報を「点」とすると、「点」と「点」との関係性を見出していく活動、いわば「線」を見出していく活動が「解釈」になります。さらには、目に見える「点」と「点」を「線」で結んでいって、それらの「線」と「線」の織り成す構造から目に見えない「点」を見出していく活動も「解釈」です。

清宮　私たちもよく、「推論のはしご」をつくっていくと言います。その「推論のはしご」をいっしょにつくっていく作業ができるかどうかというのが、いま会社で問われていることだと思っています。見えない関係性をどう見出していくのかということを、問いのかたちでできると、とてもわかりやすく、共有化もしやすいですよね。

北川　そうなんです。ＰＩＳＡの読解力はペーパー・テストですから、あらかじめ質問が書かれていて、それに応じて「点」を見出し、「点」と「点」とを結ぶ「線」

見えない関係性をいかに見出していくか。

を見出していく活動をすることになります。これを教室でやる場合は、質問のところから自分たちで考え、みんなで協力して活動する。

その時には、一本のはしごというよりは、むしろ網目のような複雑な構造がつくられていく。推論を織り重ねるうちに、問題の所在や性質が明確になってくる。そこに主張が生まれる。その主張を文章で表現することが、ＰＩＳＡの三つ目の活動「熟考評価」なんですね。

主張のオリジナリティを求める前に

北川　ＰＩＳＡの読解力の問題が一部公開された時、この「熟考評価」の活動が話題になりました。これまでの日本の国語教育では、何かを読んで意見を書かせるという活動をあまりやってこなかったので、その部分に強く反応したのでしょう。そのためか、ＰＩＳＡ型読解力とか、ＰＩＳＡ型学習というと、自分の意見を言ったり書いたりする力と捉えられるようになってしまいました。話し合って意見を言わせれば、それこそがＰＩＳＡ型の学習なのだという実践も少なくありません。

しかし、ＰＩＳＡの読解力で最も重要なのは「推論の網目」、あるいは「推論のはしご」をつくることなんですよ。意見を言うだけなら、だれでも、なんとでも言える。なによりも大切なのは意見の基盤となる構造を完成させていくこと。すなわち「推論」、すなわち「解釈」なんです。その力こそが、PISAの読解力で最も重要なファクターなんですね。

清宮　その力は、日本の子どもたちは高いんですか?

北川　いや、このような発想自体、日本の国語教育では一般的ではないので、推論の力、解釈の力はうまく育っていないと思います。

ヨーロッパの教育では、推論の力を育むことを非常に重視しています。推論を結果から原因、原因から結果という両面から捉えて教育するんですね。

結果から原因の推論というのは、例えば「主人公が怒りっぽい性格であることは、この文章のどこでわかりますか」と質問して、「問い詰められると顔を真っ赤にして怒鳴るところ」など推論の基盤になるような情報を文中から挙げていくような活動のことです。「怒りっぽい性格のようだ」という推論の結果を先に示し、その推論の原因となった情報を取り出していくということです。

一方、原因から結果の推論とは、その逆コースをたどります。「すぐ顔を真っ赤にする」「すぐ大きな声を出す」「なにかというと突っかかる」というような情報があり、それらを根拠にして「主人公はどのような性格だと考えられるか」と質問するんですね。原因となる情報から、どのような推論の結果が導き出せるかを問うわけです。

こうして考えてみると、PISAの「情報の取り出し」というのは、結果から原因の推論のことであることがわかります。反対に、「解釈」というのは、原因から結果の推論のことなんですね。つまり、「情報の取り出し」と「解釈」というのは表裏をなすもので、情報と情報の関係性を見出すのが「解釈」であり、逆に関係性から情報を見出すのが「情報の取り出し」なんです。

こうやって推論をたくさん積み重ねていけば、主張が生まれてくるというわけです。その主張を表現することがPISAの「熟考評価」という活動なのですが、ここにちょっとした誤解があります。

一般にPISAの読解力は「テキストを読んで、それに関する意見を書く」テストというように捉えられており、それはそれで間違いとはいえません。ただ、意見といっても、推論を積み重ねた結果、「どのような意見が成り立ちうるか」が問われているのであって、現実問題として自分がどう思っているのかという、個人的な意見が求められているわけではないんですね。もちろん、実際の授業では、個人的な意見を求めていく場合もあるし、オリジナリティのある意見が評価される場合もある。ただ、PISAの読解力の主眼はそこにはない。推論の積み重ねを重視するからこそ、それによって成り立ちうる意見を論理的に構成させることに意義を見出しているんです。

「推論のはしご」をチームでかける

清宮　私たちの場合は、組織でどうやってうまく効果を出していくかという時に、ある思考がメンバーといっしょにできるかできないかということが重要です。それは出された解に基づいて実際の行動がうまく協同してできるかできないかということに連結していくので、「推論のはしご」をかけるという、思考のプロセスからチームとして、全員で取り組んでいくことが重要なんです。ですから、リーダーとかマネージャーは、自分の「推論のはしご」を分解できる能力がないとだめなのですが、なかなかそれができない。

まず、おっしゃられた「情報の取り出し」という、基本になるところの力が弱いから、推論自体も出てこない時があるのではないかと思いました。それから、推論や解釈自体はぼんっと出てきているのだけれど、はしごの段の一段一

「思考」の段階から全員で取り組む。
それが「行動」の質を高め、
真の協働を生み出すことにつながる。

段が見えなかったりするということもあります。これは仕事をしている現場ではよくあることなんです。

現実の課題や問題があったとする。リーダーはそれなりの知識や経験を持っているために、目の前の問題に対して対応策としての何かがすぐにぽんと出てくることがある。出てはくるのだけれども、自分にもその「推論のはしご」は見えていない。もちろん他の人にも見えていない。はしごはかけられたけれども、登っていく一段一段が見えないために、他の人がついて来られないことが多い。ついて行けないと、言われてやらされるということになってしまいます。言われてやらされる時には、新しい発想も出てこないし、本人の思考力も使わなくてすんでしまう。ダウンロード型でやらされるということになって、モチベーションが落ちるという現象が起こる。

私はいまの自分の課題として、この「推論のはしご」を分解できる能力がどうやったらつくのか、何かコツがあるのかな、というふうに思いながらお聞きしていました。

BOOK

フィールドブック　学習する組織「5つの能力」
企業変革をチームで進める最強ツール
ピーター・センゲ、アート・クライナー、シャーロット・ロバーツ、リック・ロス、ブライアン・スミス＝著／柴田昌治、スコラ・コンサルタント＝監訳／牧野元三＝訳
日本経済新聞社／2003

第6章

スキル3　エンパシー型コミュニケーション——相手の思考のプロセスをたどる

エンパシーという発想

北川　PISAの読解力では、個人的意見を書かせるのではなく、一定の条件下で成り立ちうる意見を構成させることを重視していると言いましたが[*1]、その背景には「エンパシー」という発想があります。

エンパシーとは「こういう解釈が成り立つとします。なぜ成り立つのだと思いますか?」ということを考えさせるような発想です。「あなたはどう解釈しますか?」ではないんですね。一定の解釈をあらかじめ示し、それがなぜ成り

＊1　▶第2部第5章　主張のオリジナリティを求める前に　P.104

立つのかを考えさせる。つまり、その解釈にいたった他人の思考プロセスをたどるということです。

先ほどは「主人公が怒りっぽい性格であることは、この文章のどこでわかりますか」という質問の例を示しましたが、これもエンパシー型の質問の典型です。「主人公が怒りっぽい」なんて、文章のどこにも書いてないんですよ。つまりこれは「私は主人公が怒りっぽい性格だと思いました。さて、私はどこを読んでそう思ったのでしょう?」と他人に聞いているんです。

清宮　なるほど。それはわかります。自分ではなく、「他人が怒りっぽいと思った」理由を考えるためには、より全体を俯瞰できないとだめなんですよね。

北川　その解釈が適切かどうかは、実はたいした問題ではない。とにかく、だれかがそう思ったというからには、そう思うだけの原因がどこかにあるということです。あるいは、それが誤解であったとしても、誤解するだけの原因がどこかにあるということです。その思考プロセスを逆にたどることによって、原因をだれの目にも明らかな形で示させる。これが先ほどの「情報の取り出し」なんですね。[*2]

BOOK
これが現象学だ
谷徹＝著
講談社（講談社現代新書）／2002

*2　▶第2部第5章　情報を取り出す力―インフォメーションからインテリジェンスへ
P.99

清宮　私たちは「情報の取り出し」の力がものすごく弱い。トレーニングされていないところですね。

北川　おそらくそうだと思います。ただ、この力は実生活でも重要ですよ。

例えば、自分が直感的に発想を得たとしても、それをそのまま自分の意見として述べたところで説得力はない。直感的に得られた発想だとしても、そう思うだけの理由があったはずなんです。

直感の背景を問う

北川　直感の背景にあるものを、自分自身でたどるか、あるいは、他人の力を借りてたどっていく。そういうスキルを育むこと、そういうことのできる場を用意していくことが重要なんですが、日本ではまだほとんど行われていません。

清宮　日本人は同一の直感を持つという状況のなかでずっといままで動いていたので、そういう、直感に対しての「情報の取り出し」が、社会的にも訓練されていないんですよ。私も含めてですけどね。そこができるリーダーが組織のなかで、他の人を、「いっしょに考える」というプロセスに巻き込むことができる。
でも、直感というのは、根拠が示しにくいものですよね。以前は、その直感の部分をみんな同じ土俵で同じように考えることができたと思うんです。しかも、状況の変化も少なかった時代においては、過去の事例も含めて「あ、なるほど。そうかもね」と暗黙で動いていた「暗黙知」というものがありました。でも、いまでは思考の風土もみんな同じではないし、変化も速いので、根拠となる情報を意識的にていねいに取り出す力の訓練が必要になる。
その場合、このエンパシー型の問いかけというものは、一つのコツになりそうな気がします。

北川 「自分がどう考えたか」だけではなく、「なぜ他人はそう考えたのか」も考えることは、自分も他人も同じく評価の対象にするということで、広い意味でのクリティカルであり、[*3]対話の基礎技能といえます。さまざまな価値観の人々が集まっているところでは、自分と他人が同じように考えることなど期待できませんから、とくに相手の思考プロセスに思いをはせることは重要なんですね。日本人でも大人であれば、根拠から結論を導き出すことはけっこう得意なのですが、特定の結論から根拠を探り出すには相当の訓練が必要です。

BOOK
知識創造企業
野中郁次郎、竹内弘高＝著／梅本勝博＝訳
東洋経済新報社／1996

＊3 ▶第1部第3章 「思考の枠組み」を問い直す P.53

清宮　わかっていると思っているものに対して、その背景にあるものをちゃんと振り返る、それはとても重要な作業だと思います。単純に自分の思考力ということではなく、協働する時において、その問いかけができるかできないかで、協働のパワーがまったく違ってきますね。

北川　みんなで何かを相談して決めていく時に、とんでもない意見を言い出す人がいたとしても、悪意で言っていたり、ふざけて言っていたりするのでなければ、そう思うだけの根拠があって言っているのだから、そのとんでもない意見であっても取り込んでいく必要があります。パラダイムが違えば、自分にとって常識的な意見でも、他人にとっては非常識なもののように聞こえることがあるからです。

そして、ここが重要なところですが、「どうしてそう思ったのか」本人に聞いてもよくわからない場合は、それを他の人が考えればいいんです。みんなで意見を共有していくためには、根拠もみんなで考えていくようにしなければならない。こういうところでエンパシーが威力を発揮するんです。

シンパシーとエンパシー

清宮　シンパシー型の問いかけというものはあるのでしょうか。

北川　シンパシーとエンパシーの違いは微妙なものですが、最大の違いは発想の前提にあって、相手のことがわかるという前提で考えるのがシンパシー、相手のことはわからないという前提で考えるのがエンパシーです。

シンパシーは「感情移入」、エンパシーは「自己移入」と訳します。エンパシーを「共感」と訳すことがありますが、これだとシンパシーと混同しやすいですね。

国語の問題でいうと、「その時、主人公はどんな気持ちでしたか?」と問えばシンパシー型、「あなたが主人公と同じ立場に置かれたら、どんな気持ちになると思いますか?」と問えばエンパシー型です。シンパシー型だと「主人公の気持ちになって考えましょう」ということ。一方、エンパシー型では「主人公の気持ちは本人にしかわからない」ということで、自分自身に置き換えて考えます。

ただ、どの国の国語教育でも、ある程度の価値観の共有を前提として指導しますから、シンパシー型の問いかけも重視しています。他人の気持ちがわかるのなら、他人の気持ちに寄り添えるのなら、そうしたほうがいいですからね。わかり合えるという前提が成り立つ状況、あるいは、成り立たせたい状況であるなら、シンパシー型の発想も重要です。

清宮　なるほど。シンパシーは問いかけというよりは、どちらかというと、「本当に大変でしたねぇ」みたいな共感性を示すというところですね。でも、それも重要ですよね。

北川　重要ですよ。ローカルな場における伝統的なコミュニケーションでは、むしろシンパシーのほうが重要なんです。当然のことながら「わかる」という前提で考えるほうが、お互いに親近感もわきますからね。

エンパシーの能力の訓練に力を入れているフィンランドでも、ローカルなコミュニケーションではシンパシーが極端なくらい重視されています。もともと無口な人たちですからね。仲間内では、目と目の合図で飲みに行く。黙って飲んで、目と目で「朝まで飲もう」と合意する。そして、みんなで酔いつぶれる。

「他人」の思考のプロセスを
「自分」でたどるのが、
エンパシー型コミュニケーションの基本。

「飲みに行こう」なんてヤボなことは口に出して言わないんです。「フィンランド人同士なら言わずともわかる」という価値の優先順位が高いんですね。

ところが、価値観の共有が期待できないグローバルな場や、ローカルな場であっても相手の出自由来が不明な場合は、エンパシーが重要になります。一般にコミュニケーションにおいては「相手の立場にたって考える」ことが重要です。しかし、ここではシンパシー型コミュニケーションのように「相手の気持ちをおもんぱかり」「相手の気持ちに寄り添って」考えることはできない。エンパシー型コミュニケーションなら、相手の気持ちはわからないという前提なのですから、相手の立場を論理的に分析し、「自分だったらどう考えるか」を考えることになるわけです。

実際のところ、グローバルな場であればエンパシー型コミュニケーションが基本であるし、そこにシンパシーを持ち込むと危険な場合がほとんどです。わかったつもりで、実はぜんぜん違うという状態ほど危険なものはありません。

もちろん日本人同士でも本当はズレがあるはずなんですよ。でも同調しようとする圧力がとても強いので、少々の個別性は集団に埋没してしまう。かなりズレがあっても「察してくれ」と言われれば、なんとなくわかったような、わからなければならないような気がしてしまう。本当はわからなくてもね。

BOOK
人間関係づくりトレーニング
星野欣生＝著
金子書房／2003

それでも、最近は日本の社会も多様化してきて、それが通用しない場合も多くなってきています。そうなれば、ローカルな場で、日本人同士であっても、エンパシーの技能が必要になるわけです。

日本人にとって難しいのは、自分と相手を置き換えるのではなく、相手になりきって考えてしまうところです。自他の区別がはっきりしないためか、自分が相手になりきれると思ってしまう。しかし、相手になりきれるというのは、相手のことがわかるという前提で考えているからなんですね。結局のところ、外形的にはエンパシーでも、実はシンパシーに戻ってしまっているんです。

清宮　日本のコミュニケーションは、シンパシーを受け入れてもらえているか、そうじゃないかという点がかなり重要で、受け入れられているところで、「安全」とか、「平等」「尊敬」というのも出てくる感じがしています。

どうも日本人には、「私たち日本人は、同じである、同質である」という根強い意識があるので、自分と同じと考えないと共感がしにくいのかもしれません。受け入れるにしても、異質なものを異質なままにして受け入れるとは考えにくい。

ですから、私たちには、このようなシンパシーに強く依存する集団で、エンパシーの部分を、どういうふうに自分のなかで位置づけられるかを工夫する必要がありそうですね。やり方によってはものすごくキツイ感じになるでしょうから。感情の共有がない状況で、シンパシーに頼らずに、集団で問題を考えていくというようなことは、やったことがない人がほとんどだと思うんです。

他人の思考プロセスをたどる―エンパシーのワーク1

北川　これには訓練の方法がいろいろあります。いちばん簡単なのは、意見を言う人と、その根拠を挙げる人を変えていく方法です。

例えば、男女の判別がつきにくいような人物の写真を用意します。まず生徒Aに「この人は男だと思いますか？　女だと思いますか？」と聞く。生徒Aが「男だと思います」と答えたら、即座に生徒Bに「男だということは、写真のどこでわかりますか？」と聞くんですね。生徒Bが実際にどう思っているかは関係ありません。もしかすると女だと思っているかもしれない。それでもなお、生徒Aが「男だ」と判断した根拠を生徒Bに求めるわけです。

集団で協力して問題を解決するのだから、だれかが意見を述べたなら、その意見を全員で共有して考えていかなければならない。自分独自の考えであっても、それを口にした瞬間に全員のものになる。生徒Aが言ったことだからといって、生徒Aだけが責任を負うのではない。全員が責任を負うんです。そのような環境をつくっていく必要があるんですね。

この方法は、答える人間を即座に変えていくところにポイントがあります。エンパシーとは自分を相手の立場に置いて考える技術ですが、現実のコミュニケーションでは悠長に考えている時間なんてありません。相手の意見という「結果」から、瞬間的に「原因」となる事実にたどりつかなければ意味がないんですね。そういうと難しそうだし、実際にやってみると最初のうちは難しいのですが、要は慣れの問題です。

清宮　それを訓練していくと、自分のことも客観化しやすく、リフレクションしやすくなるかもしれないですよね。

北川　そう。それに慣れてくると楽しいんですよ、だれか他人のとんでもない意見の根拠を考えるというのも。

また、現実には自分のなかでも、これと似たような作業をしている場合が多

シンパシーに依存せず、
エンパシーの発想と技法を取り込むことが
できるかどうかがこれからの協同思考の鍵。

いんです。自分が何か意見を言う時、先に根拠となる事実だけがあって、そこから虚心に意見を論理構成していくことは少ない。だいたいは直感的に意見を思いついて、あとから理由付けしていくんですね。そう考えれば、自分の意見を構成するのも、他人の意見を構成するのも似たようなものでしょう。

ただ、他人の意見というのは往々にして自分では決して思いつかないようなものであるから、その思考プロセスをたどることには大きな意味があります。

思考の幅を広げる問い

北川　とくに教育の場合では、子どもが考えもしないような解釈を先生が示すことによって、子どもの思考の幅を広げることができます。「こういう解釈があるんだけど、どうしてそう言えるのかな？　どのような事実に基づいて、そう考えたのかな？」と考えさせるわけです。結果から原因の推論ですね。[*4]

「これらの事実から、どういうことが言えるかな？」というように、原因から結果の推論だけをやらせていると、子どもは自分の知識と経験の枠からなかなか出られない。だから、子どもが想像もしなかったような解釈を示すこと、そして、その思考プロセスを論理的にたどらせることは、大きな教育的な意味

＊4　▶第2部第5章　主張のオリジナリティを求める前に　P.104

があります。ただ、これは子どもにとってだけではなく、大人にとっても教育的な意味があるといえるでしょう。

清宮　そうですね。大人の場合、その「考えもしないような解釈を示す」という最初の設定が組織のなかでできるかどうか、そういう問いが出せるリーダーがいるかどうかという感じがします。

最初からそういうリーダーがいるビジネスの現場は少ないのかもしれない。でも、現場での体験を通じてトレーニングしていくなかでそういった力がついていく可能性があるんです。本来的な能力がないのではなくて、このような能力が開発されにくい環境に置かれている人が多いと思うんです。学校教育においても、社会のなかでも。ですから、こういう自分や集団の枠の外から解釈を提示するような機会や場所をセットして提供することができれば、能力開発できるような気がします。

このエンパシー型の質問ができるかできないかは、変革の時代にあって「変われる」能力ととても強く結びついているような気がします。これが身についているということで、枠がばんと広がりますよね。

北川　枠がぱんと広がった時、求められるスキルは「情報の取り出し」なんですね。必要に応じてインテリジェンスを見出せるかどうかということです。

ＰＩＳＡの活動で「情報の取り出し」「解釈」「熟考評価」の三つがあるというと、日本の教育現場では「情報の取り出し」を軽く考えがちです。「情報の取り出し」ならば日本でも昔からやっているし、その問いをつくるのも、問いに答えるのも、いちばん簡単だというんですね。しかし、現実にはぜんぜん違う。問いをつくる場合、「情報の取り出し」がいちばん工夫が必要なんです。また、「情報の取り出し」の問いに答えることは、子どもの思考の幅を広げるという意味で非常に重要なことなんですね。

清宮　気づきがすごく生まれやすそうですよね。明らかに、気づきとか、リフレクション、ブレイクスルーなどが生まれる感じの思考形態ですよ。新しい発想が出るコツですね、これは。大人が学ぶ、リフレクションをする機会は、自問自答している時よりも、他者と関わり合って相互干渉している時のほうが圧倒的に多くなりますから。

価値観の絶対化を解く―エンパシーのワーク2

北川　定員を超えて沈みかけた救命ボートで、どういう行動をとるべきかについて考えるというワークがあります。ただし、自分で考え出すのではなくて、「船員が数人を選んで海上に放り出す」「くじで数人を選んで海上に放り出す」「なにもしないで天命を待つ」という三つの行動がすでに決まっているんです。しかも、これらの選択肢から自分の心にかなうものを選ぶのではない。すべての選択肢について、その正当性を認めていくという作業をグループでやるんです。*5

これはエンパシー型コミュニケーションのワークとしては典型的なものですが、さまざまな考えの正当性を認めるにあたって、「個人の倫理観や正義感を超えたところで考えていかなければいけない」という意味で、とても効果のあるトレーニングです。

「生命」という価値を第一に考えている場合でも、「だからこそ、一部の生命を犠牲にしてでも、より多くの生命を救うべきだ」という発想をする人もいれば、「だからこそ、いかなる状況であっても、生命を犠牲にしてはならない」という発想をする人もいます。「人を殺してはならない」とか「人間の生命は

エンパシーは、自分の本能との戦い。

*5 ▶［コラム　対話的発想のための演習課題］ P.137

地球よりも重い」というのは正しいことなのでしょうけれど、生命の価値を第一に考えているにしても、その正しさは一面のものでしかない。絶対に正しいとは言えないんです。自分のなかの「絶対」という発想を一時的にせよ排除できるかどうか、それがエンパシーであり、対話の根幹をなす重要な技能なんですね。

エンパシー型の発想には訓練が必要です。シンパシーは人間の本能に基づくところが大きいのですが、エンパシーは本能に逆らうところが大きい。だから、意図的に訓練しないと習得できないんです。

また、自分の思考の枠組みにとらわれていては限界があるので、自問自答で独習するのも難しい。グループで多様な意見を出しつつ、相互作用を及ぼし合いながら訓練するしかないんですね。

PISAの読解力は、そのような状況を想定した問題を数多く出しています。ただし、こういう訓練が子どもにとって必要というだけではなく、大人にとっても必要でしょう。

清宮　確かに、これからはそういうトレーニングが必要ですよね。

他者と協同する意義

北川　自分勝手に意見を言うのなら、だれでも、なんとでも言えるんです。しかし、みんなで協力して問題解決していこうと思うのなら、個人の意見を全員の共有物とし、それをみんなで考えて改善していくことが必要です。

とくに価値観を共有しないグローバルな場においては、個人が個人的意見を、個人的根拠に基づいて言ったところで、ほとんど何も言っていないのと同じことになってしまう。だから、意見をみんなで共有したうえで、みんなでだれもが納得するような根拠を考えていかなければならない。だれの目にも明らかな根拠を示さなければ、だれもわかってくれないという前提で考えるんです。

清宮　ビジネスのコミュニケーションの場合においても、「根拠を全部示せ」とか「論拠を示せ」ということは、難しい問題を目の前にするととてもハードルが高くなるんですよ。問題が複雑すぎてそれをうまく分解することが一人ではなかなか難しい場合が出てきます。逆に言うと、一人だけものすごくそれができる人がいると、それに対してついていけない人がまわりに多く出てきてしまう。

ですから、すぐにその場で根拠を示すことよりも、「問いができるかどうか」ということがより重要になっていて、「なんでこう思うんだろう?」というのが、素で言えて、みんなで「なんでそう思うんだろう?」と考えられるような場の設計が必要になってきます。そうすると、そこで根拠や論拠がきちんとみんなに見えるかたちで出てくる可能性が生まれる。

北川 まさにエンパシーですね。「いま自分はこんなことを思いついた。だけど根拠が見当たらない。だから、みんなで考えてくれないか? どうすれば私の考えは成り立つんだろう?」ということですから。

オープンマインドになる環境

清宮 そのためには、「こんなことを考えついたんですけど、論拠がわかりません」とオープンマインドで言えなくてはだめなんですが、それが実際にはなかなか言えないんです。

ふっと「黒だ」と思ったとします。けれども、会議の場で「理由はわからないのですが黒です」というのもなかなか言いづらくて、「赤ではないから黒です」と言ってみたりする。また、「私が黒だと思ったのはいったいなぜでしょうか?」と会議の席で投げかけた時に、「そもそも、私たちは黒だとは思わないので、そんなことは考えない」と言われたらその先の思考に移れない。

シンパシーを持って、そしてエンパシーの手法で、ここでみんなでいっしょに考えましょうという場をつくるには、そういう思考に入る環境整備が必要なのではないかと思います。相互に相手を受け入れ合う環境づくりがないと、防衛的な態度が生まれてしまい、生産的な話し合いにはならないですよね。

北川 そうですね。それを可能にするには、どれほど突飛な意見が飛び出してきたとしても、それを全員の意見として共有していける組織や空間であることが必要ですね。また、意見だけではなく、個人の知識や経験についても共有していける組織や空間になっていなければなりませんね。そうでなければ、「なんとなく思いついちゃったので、みんなで考えてください」とは言えない。

ただ、それほど厳密に考えなくても、みんなで協同して解決しようというマインドさえあれば、わりと自然にできると思います。

清宮 そういうマインドセットになるには、だれか一人がオープンマインドになる

出された意見、思考、知識、経験をメンバー全員で共有する。

必要があるんです。自己開示には返報性がありますから、自分がオープンになると相手もオープンになりやすい。そう考えていくと、率先的にオープンマインドになるのは、やはり、基本的には組織のなかではリーダーである必要があるでしょう。

北川　学校の場合だと、先生が呼び水になるんですね。「先生はこの物語を読んで、こういうふうに思いました。どうしてそう思ったんだと思う?」というように。仕掛けをつくるというだけではなくて、時には本音で自分を開示していくことも必要でしょう。学校では先生がお手本を示すように、組織だったらリーダーがお手本を示すしかないでしょう。

型の功罪

清宮　そうですね。学習プロセスとしても、そういうていねいなステップが必要でしょうね。例えば、作文指導にしても、「さぁ、思ったことを書きなさい」というような、最後のプロダクトアウトをいきなりさせようというものが、いままではやはり多かったと思うんです。それでも、能力の高い子はできるけれど、

BOOK
ザ・マインドマップ
脳の力を強化する思考技術
トニー・ブザン、バリー・ブザン＝著／神田昌典＝訳
ダイヤモンド社／2005

そうじゃない子どもたちがこぼれそうな感じですよね。

北川　こういう能力をエリートだけが必要としていた時代は、それでもよかったんです。しかし、いまは全員が必要としている時代です。だから、能力を習得する過程をきちんと客観化して、だれにでもできるような方法を確立し、段階的かつ系統的に育んでいかなければならないんですね。

清宮　子どもたちにマインドマップで感想文を書かせていると、いつもの作文では言語化できなかったり、論理立てて話ができない子も、ちゃんと書けるようになってくるというような話を聞きました。それは、思考のプロセスを個別にていねいにたどっているということでもあるんだと思います。

北川　学校でも意見の言い方の型や、依頼や紹介など特定の文章の書き方の型などを積極的に活用するようになってきていて、それまでは何も言えなかったり、何も書けなかったりした子どもが、最低限の必要条件を満たした表現活動ができるようになっています。ただ、確かに型は便利なんですが、学校ではそれが教条化されやすい。

例えば、「意見を言う時は必ず理由も言いましょう」というところまではいいのですが、それが高じて「理由がなければ意見は言ってはいけません」になってしまうと、かえって逆効果なんですね。

意見に必ず適切な理由を添えて言えるような子どもは限られています。ですから、杓子定規に型を導入すると、なんでもいいから理由をつけて意見を言うようになってしまうか、あるいは、適切に理由づけできる範囲でしか意見を言わなくなってしまう。型通りに無意味なことをするか、型通りにしようとするあまり萎縮するか、どちらかになってしまうんです。それくらいならば、思いつきで意見を言って、その理由をみんなで考えたほうが意味がある。

清宮　私たちが受けている職業訓練といいますか、ビジネス思考の前提となっているもののなかにも、意見を言った以上はそれに対して論拠を示せということがあります。また、何か問題を認識した時は、必ず解決策とともに提示せよということも言われています。「課長、こんな問題があります」だけではダメで、「課長、こんな問題があるので、このように対処したいと考えています」というように提示せよと言われていますから。

問題がシンプルな時はそれでも機能しますが、多くのビジネス現場の問題は

BOOK

ニッポンには対話がない
学びとコミュニケーションの再生
北川達夫、平田オリザ=著
三省堂／2008

複雑化しています。さまざまな要素が、あたかも一つの生態系のネットワークのように結びついている状態になっている。これをシステム的につながっているると表現したりしていますが、このような複雑な状況で、解決策といっしょに問題を提示するようなことを形式的に個人レベルで求めても、問題そのものを小さく捉えてしまいかねません。

北川　もちろん、子どもには「意見を言う時は必ず理由も言いましょう」というタガをはめておかないと、ただただ思いつきを言いまくるという困った性質があります。だから、最初のうちは「私はこう思う。なぜならば……」という型通りにやる必要がある。これはどこの国でもやっていることです。

ただし、それだけだと、いつまでも学級会の縮小版みたいなことをやり続けることになってしまう。これは日本だけの問題ではなくて、多くの国で起こっている問題でもあるんですね。不自然な学級会状態から、どうやって自然な話し合いへと変化させていくか。そのためには段階的にグループワークを設計しなければならないと考えています。学級会の縮小版を続けていたら、いつまでたっても肝心の活動にたどりつけないんですね。

清宮　フレームワークは、自分の考えている前提となる思考で、つまり価値観であったり信念であったりしますよね。経験が積み重なっていくことで、このフレームワークがつくられていきます。この枠組みがあるからこそ、新しい情報が適切に格納されるのであって、枠組みが未成熟な状態であると体験が適切に情報処理されないこともある。子どもたちにとって思考力をつけるということは、この自分なりの枠を形づくることですよね。

でも、成熟が進むと、その枠が新しい吸収を逆に妨げるという事態が出てくる。ですから、大人にとっては、フレームワークをつくると同時に、その打破も必要になってくるわけなんですね。

実は、大人の場合も、学級会みたいなことを会議でやっているんです。「私はこう思う。なぜならば……」と口々に言い合っている。これは、解決策を同時に言い合っているということなんですよ。ところが、こうして解決策から入っていくと、対立構造にしかならないんです。組織の抱える問題は複雑化しているので、「私はこう思う」と言われた段階から、聞いている他の人は「そうは思わないよ」となる場合が多い。

しかも、関係性ができていないところでは、むしろ明確な対立に発展することはまれで、声の大きい人が縷々自説を語るというなかでただ時間だけが過ぎていくという現象はよく見られることなんです。

最近はとくに、職場でも穏便に過ごしたいという意識も強くなっていますし、ある種の役割意識のようなものがネガティブに働いています。「あの人にいまここで私の立場から何か言ってもムダだ」「それは、あえて私が口を挟むことではない」というような……。だから、対立構造が表面化しないで、うわっつらの時間だけが経つ会議が蔓延してしまうわけです。

「生きる力」を支える対話力

清宮　企業は結果が欲しいんですが、そのためには、関係性の整備もまた重要だったりするんですよ。

結果の質を規定しているのは、行動の質である。また、行動の質を規定しているのは、思考の質で、その思考の質を規定しているのは、関係性の質である。そして、関係性の質は、結果の質によって規定され、影響を受けているという。MIT（マサチューセッツ工科大学）のダニエル・キム教授が言っている「成功の循環」というサイクルです。

これは、かなりおもしろいことを示しているといえます。結果はサイクルの一つであり、結果がいいと関係性がよくなる。関係性がよくなると組織としての思考もよくなる。思考もよくなると内発的な行動が出てくる。すると、結果がよくなる。

でもこれが、「負のサイクル」になると、結果を出そうとして行動を管理しようとする。「あれしろ、これしろ」の命令だけだと無気力感というか、ともかく言われたことだけやればいいという態度になり、実際、言われたことしかやらなくなる。そうすると、考えなくなりますよね。そうやって思考の質が低下すると関係性は悪化します。

思考の質が低いということは、協同思考がされていないということなんです。バラバラな脳で考えている状態では、本音が言えなかったり納得できなかったりして、関係のレベルも悪化する。双方に信頼感なんか生まれようもない。そうなると結果はもちろん出ない。こういう悪循環になってしまう。

継続的に成功するためには、「正のサイクル」で回さなければならないんです。結果が欲しいんですけれども、結果を生み出すためだけに行動をチェックするというのではうまく機能しないんです。このようなサイクルの一つが結果だというように理解していく。そのための会議の改善であり、そのためのコミュニケーション改革なんです。結果だけを上げようとしても結果は上がらず、コミュニケーションの問題、つまり関係性の問題をきちんと考えないと、結果に至るプロセスがたぶんゆがんできます。

北川 学校も会社も似ていますね。もうちょっと会社というのは冷たい世界だと思っていたのですが……。よくテレビなどで「結果がすべてだ」って上司や社長が部下をしかりつけているようなシーンがあって、そういうイメージが私たちには刷り込まれていますよね。

清宮 それはそうなんです。結果志向はもちろん重要ですが、俯瞰してみると、その結果を出すためには、いい関係性があることがベースとなっていることがわかります。一人のスタンドプレイヤーがいてそこを中心にすべてが回るという時代だったらいいけれども、いまはみんなで考える、協働というスタイルで働かざるをえない側面を持っているので、関係性、コミュニケーションの整備は、組織として絶対に必要なんです。

そうはいっても、関係性の整備だけをしていれば関係性がよくなるかというとそんなことはない。結果を出さないと関係性はよくならないんですよ。同時に、そういうサイクルのなかの一つとしてのプロセスなので、一回いい結果を

プロトタイプの存在しない変革の時代。
対話思考で学び合う力こそ、
教育とビジネスを結ぶ「生きる力」。

出してもそれでおしまいではない。成功しても、失敗しても、常にリフレクションして学び続ける場がビジネスの世界なんです。でも、こういう、関係性と結果とが一つのサイクルにあるということでいえば、ビジネスも教育も含めて、どんな活動にも言えることではないでしょうか。

人が社会で生きていく力、人といっしょに働く力、教育のほうで「生きる力」といっているものが、いま本当に社会に求められている。でも、こういうふうにしたらいいというプロトタイプができあがっているわけではないんですよ。ビジネスにしても、たぶん、教育にしても。

こういう変革の時代、新しい時代を迎えてプロトタイプがないなかで、どういうふうに動いていくのかといった時には、個人としてだけでなく、集団としての学ぶ力をつけていくしかない。そして、そこには対話の力が必要になってくる。これに関しては、教育ではこうだとか、会社ではどうだということではないような気がします。

コラム

対話的発想のための演習課題

北川達夫

事例

一八四一年、ニューファウンドランド沖でウィリアム・ブラウン号が難破した。女性と子どもが優先という平時の論理は通用せず、男性乗客が腕力で救命ボートを独占した。その救命ボートも定員オーバーで転覆の危機にあったが、自ら救命ボートを離れる者はだれ一人としていない。そこで乗組員のホームズが数名の男性乗客を海上に投げ出した。

課題

この状況に関する次の三つの主張を比較しながら、すべての主張を正当化してください。

主張❶　ホームズの行為は、しかたのないことで許される。
主張❷　海上に投げ出す乗客は、くじで決めるべきである。
主張❸　だれも何もすべきではなく、自然に任せるべきである。

事例と課題についての解説

実際にあった事件を演習課題にしたものです。グループで相談しながら考えます。法律の教科書によく引用されている事例ですが、法律学などの専門知識は必要ありません。

この事件により、ホームズは禁固刑と罰金刑に処せられました。主張❷は、その時の法廷の判断です。主張❸は、その法廷の判断に対する、エドモンド・カーンという法律学者の反対意見です。

ただ、これらの事実を知っている必要はありませんし、これらの事実を考慮して相談する必要もありません。

課題を実施するにあたっては、「新たな情報を付け加えてはならない」というルールを徹底します。「ホームズは泳げる人だけを選んで海上に投棄した」などという情報を付け加えないということです。事例に示された情報だけをもとにして推論します。

課題の実施方法

●上級者向き

なにもヒントを与えることなく、そのまま始めます。

●中級者向き

「一見して異なる主張同士の場合は、まず共通点を見出し、次に相違点を見出す」という、実践的な対話技法を伝えたうえで始めます。

●初級者向き

まず「すべての主張は『生命』という価値を第一に考えている点で共通している」という仮説を示します。その仮説の論証を出発点として、三つの主張の共通点と相違点を見出していくようにします。

＊どの場合でも、指導者は必要に応じてアドバイスを与えます。

考え方のヒント

それぞれの主張について比較対照しながら、価値の優先順位と発想の段階にまで遡って考えます。→第２部第４章「相手の正当性を段階的に認める」P.84

ただし、初級者向きの演習では「すべての主張は『生命』という価値を第一に考えている点で共通している」という仮説を論証するところから始めます。

❸の「何もしない」という主張について、「生命という価値を第一に考えているとは、とても思えない」という人がいます。「❶か❷のように少しでも多くの生命を救おうとするべきだ。❸のように何もしなかったら、みんな死んでしまうかもしれないではないか」というのです。こういう人は既に❶と❷の発想の共通点を見出していますので、❶と❷の共通点をさらに深く考えたうえで、❸との相違点を考えるようにアドバイスします。

すべての主張が生命という価値を第一に考えているとすると、❶と❷は「一部の生命を犠牲にして、少しでも多くの生命を救おう」という発想です。

一方、❸には生命を犠牲にして他の生命を救うという発想がありません。では、❸はどういう発想なのでしょうか？

❶と❷の共通点がわかれば、その相違点もわかりやすいでしょう。

❶は犠牲者をホームズが決めますが、❷はくじが決めます。個人の恣意が犠牲者を決定するか、偶然の結果が犠牲者を決定するかの違いです。この二つを比べると、たぶん偶然の結果に決定させようという主張のほうが受け入れやすい、つまり正当性を認めやすいでしょう。

問題は❶です。どうすればホームズの行為に正当性を認めることができるのでしょうか？　船の難破という非常時であること、平時の論理が通じないこと、腕力が支配するような状況になっているところで、「当事者の判断」をどう評価するかです。

ここで示した「考え方のヒント」は、あくまでも一例に過ぎません。グループで自由に発想をやりとりし、すべての主張について全員が正当性を認められるようになるまで対話を続けることが肝要です。

第3部

対話の世紀

第7章 新しい始まり

「壁のない世界」の出現

北川 近年の社会や企業の抱えている問題の背景には、急激な国際情勢の変化があります。それについて思いきり単純なイメージで語るとすると、八〇年代までは、諸悪の根源は東西対立の冷戦構造で、それさえ解消すれば問題が解決するとみんなが思っていました。ところが、冷戦構造は八九年から九一年の二年間であっさり崩れて、俗にいう「グローバル化」した世界が生まれたのですが、それは予測された事態ではなかったし、それによって冷戦時代以上の問題が起こるなどとは予想しえなかった。完璧な平和というのはないにしても、世界が少しはマシになると思っていたんですね。

グローバル化の急速な進行とともに、既存の枠組みが次々に外れていく。グローバル化というと経済現象として捉えられがちですし、規制緩和が象徴的ですが、政治についても、社会についても、どんどんタガが外れていったわけです。世界全体でタガが外れ、対立する相手を隔てる壁がなくなり、平和になるどころか喧嘩をしやすくなってしまった。隔てる壁があると、仲良くするのも不便だったけれど、喧嘩するにも不便だったんです。結局、世界中で国際紛争が起きてしまった。

グローバリズムという経済の分野でのイデオロギーが、グローバライゼーションという現象として急速に広まったことが、すべての発端といえるかもしれません。八〇年代までの世界と九〇年代からの世界の変化は、世界史的に見ても、とてつもなく大きな変化だったと思います。

これほど大きな変化が起こっていたにもかかわらず、それを日本で深刻に受け止めていたフシはありませんでした。いまになって、格差社会とか、さまざまな歪みが噴出して右往左往している。ようやく、ことの重大さに気付いたようなものです。諸悪の根源は、二〇〇一年から五年余り総理大臣だった小泉

（純一郎）さんで、無理に規制緩和や構造改革を推し進めたせいだなどと言われたりもしますが、いま思えば小泉さんの政策もグローバライゼーションの一角を成していたに過ぎないのでしょう。

いま日本はさまざまな問題に直面していますが、その背景には八〇年代から九〇年代にかけての大変化がある。そして、現在もなお、世界は激動のなかにあり、さらに急速に変化している。教育やビジネスの未来を考えるうえでも、まずは現状を認識し、それを受け入れていくことから始める必要があるでしょうね。

「文明の衝突」と「文明の対話」

清宮　冷戦構造がなくなって、それから、いわゆるアメリカ型のグローバライゼーションといわれるものが出てきて、いったんは、そちらの方向でスタンダードができて安定したように見えました。「パックス・アメリカーナ」ということで、もう本当にアメリカなどはわがもの顔で、この世の春を謳歌していたかのようでしたよね。

でも、そのアメリカ型のグローバライゼーションが本当に光り輝いていたかというとそうではなく、闇の部分もあったんですよね。その反応がそれこそ9・11に出てきていたりする。

私はあの時、アメリカに住んでいたのですが、本当にすごかった。一夜にして世の中が変わったという印象です。この世の春が終わり、暗黒の時代が始まったような感じです。社会全体が打ちのめされたというか、感情的なインパクトを受けていました。テレビでは、南北戦争などの市民戦争はあっても、他国の人間に本土を爆撃されるなんてありえないことだといって、すぐにパールハーバーが引き合いに出され、アタックされたのは日本軍の真珠湾攻撃以来だと騒いでいる。それも、アメリカの中心のニューヨークと、ワシントンDCとがやられている状態なので、みんな感情的でパニック症候群になったようでした。

私たちは家族で、ワシントンDCにいましたが、日本ではテレビで繰り返されたあのビル破壊の映像は、アメリカでは、早々にテレビには映らなくなりました。息子の行っていた公立学校では、当日、三時間目の初め、沈痛な面持ちで先生がアタックについてみなに話をしたそうです。場所柄、ご家族がペンタゴン関係者の子どもたちも多く、その知らせはクラスに恐慌を引き起こし、クラス全体でわんわん泣いたそうです。その後何週間たっても、飛行機の低空で飛行する音が聞こえるだけで子どもたちはおびえていました。あの時期のアメリカは、愛国歌ががんがんかかって、もう国全体がヒステリーな状態になっていました。

北川 あれは「文明の衝突」の象徴というべき事件でした。ソ連崩壊後、唯一の超大国となったアメリカでしたが、あの事件のためにパニックに陥ってしまった。アフガニスタンを攻めてイラクを攻めてなんて、正常な国のやることではありませんよね。

こういったヒステリックな状況というのも九〇年代以降の世界の特徴のようで、ヨーロッパでさえ「民族浄化(エスニック・クレンジング)」などという言葉が公然と語られたりした。多少はプロパガンダ的な要素があったとはいえ、「Ethnic cleansing」なんて、すごい英語ですよね。特定の民族を完全に排除しようとするんですから。

そして、価値観の根本的な対立により、世界中のいたるところで小紛争が起こりました。ハンチントンのいう「文明の衝突」が現実化したようなもので、とくにアメリカ文明とイスラム文明が共存できないような雰囲気が醸成される。このままだと本当に正面衝突するかもしれない。正面衝突すれば人類が滅亡するかもしれない。そのような状況において、一九九七年に、当時のイランのハ

BOOK
文明の衝突
サミュエル・ハンチントン＝著／鈴木主税＝訳
集英社／1998

タミ大統領が「文明の対話」という概念を提言したのは救いでした。その提言を受けて、国連決議により二〇〇一年を「国連文明の対話年」にすることが決まる。イスラムの側から歩み寄ったかたちですよね。これならいける。衝突は回避できるという雰囲気になっていった。

ところが、その「国連文明の対話年」である二〇〇一年に、9・11が起こったわけです。「文明の対話」を象徴する年に、「文明の衝突」を象徴する事件が起こったということで、全世界に向けての劇場型犯罪といえるでしょうね。「文明の衝突」と「文明の対話」。これが世紀末を象徴する二つの概念であり、その狭間の不安定な状況が現在も続いているといえるでしょう。

世界の再編成——地域統合と個別性への回帰

清宮 そして、ここに来てまた、世界のフォーメーションがその時点からシフトしてきていると私は思っています。リーマン・ショックというのは、やはりとても大きい。グローバライゼーションでみんなが持つことになったアメリカの金融資本主義があっという間に崩れてしまいました。今度は経済に関わる価値観ががらっと変わるはずです。

そして、文明、文化のレベルでは、アメリカ・英語圏の優位性が崩れて、アジア・漢字圏とイスラム・アラビア語圏が復権してくると思うんです。

私がアメリカで感じていたのは、自分が漢字を中心としたアジア文化圏に属しているということでした。もちろん、英語でのコミュニケーションが基本でしたが、中国、台湾、韓国などの人とは、筆談で情報交換ができるということが発見でした。多少のずれはあっても、漢字で意味のやりとりができたりするんです。また、アラブの人たちも、発音すると地域で全く異なるようなのですが、彼らもまたアラビア語の筆談をしていました。そのことを目の当たりにして、英語、中国語、アラビア語と、三つの世界文化の中心を感じましたね。

アジア文化と、英語圏というかギリシャ・ラテン文化と、あとはアラブ文化。世界にはこの三つの中心点があって、日本は、アジアという大きな枠組みのなかの、個別性というところに位置してくるんじゃないかと思います。

日本でも、一昔前の、英語ばかり学ぶことから、みんなが漢字検定を受けるようになってきたり、ゲームやテレビのクイズ番組などをみても漢字ブームが起こっていたりして、漢字回帰している。私たちはやはり、中国語・漢字を中心としたアジア文化圏にいる。

いままではなんだかんだ言ってもアメリカの匂いが強かった私たちのトレン

ドやライフスタイルも、ここに来て変わってきている。それとともにグローバル化のなかで、「アジア」という意識がビジネスのうえでも、生活のうえでも大きくなっている感じがします。

北川 アメリカ色の強いグローバル幻想のようなものがありましたね。英語が世界の普遍語になって、アメリカ的な価値観で世界が動いていくだろうという雰囲気がありました。それがもう終わりつつあることは確かです。

世界のタガが外れてみて、かえって国や地域の個別性の強さを認識した部分もある。グローバライゼーションの急速な進行とともに、再帰的な地域統合も急速に進みましたが、結局は自分たちの個別性に回帰するしかないということでしょう。あとはアメリカ中心ではないグローバル・モデルでの立ち位置をどうするかということでしょうね。

アジア圏と日本

清宮 英語文化圏、イスラム文化圏の人たちとも対話しながら、結果として、私たちはアジアという枠のなかで成功を求めていこうという流れに入るのではないかと思います。アジアっていうと、「私たちのアジア」という感じがしますし、向こうもなんとなくそう思っていますよ。

いま、多くの日本のビジネスマンにとって、アジアはホームグラウンドになっています。上海でも三時間で行ける。上海から三時間の距離にある東京というところは、もしかしたら、アジア圏全体の中心としてのすごい場所になる可能性があります。向こうからしても日本は近い感じがするので、ビジネスを考えるうえでは東京に注目するんですよ。

自分の例で申し訳ないですけれど、『質問会議』の本が中国語に翻訳されるのですが、ビジネス書はアメリカ人など西洋人が何か言ってるというのとは、またちょっと違うかたちで、アジア人である日本人が言うことは受け取りやすいようです。それで、中国で出版されると刷り部数が大変多い。そうするとこはやっぱりマーケットだと思いました。いま、ビジネス書を書いている人たちは、アジアをターゲットにして考え始めているんですよ。

詳しくはなくても日本人は「三国志」をみんな知っている。昔のように漢文の授業で習うからではなくて、いまの人たちはゲームや映画として親しんでいる。アジアの文化は一部のマニアのものではなくなってきています。普通のOLたちが普通にキムチチゲが好きとか言い合うような感覚は、十年前にはなかったと思いますよ。アイドルだってそうですよね。その変容というか、文明のミクスチャーというのが、まずアジアを中心に起こっている感じがするんです。

北川　現在の先進国でグローバルに人材を活用するというと、だいたいはアジア人材の活用を意味するようですね。昔から中国人とインド人は世界中で働いていましたが。

アジア人材というと安い労働力というイメージがあるようですが、実際には専門的な知識や技能を持った高度人材が国境を越えて動きまわっている。日本人も安穏とはしていられません。現実的かどうかはともかくとして、日本の職場でのポストをめぐってアジアの高度人材と競わなければならないかもしれないし、逆に日本経済が日本人全員を支えきれなくなり、日本人労働者がアジアのどこかの国に出稼ぎに出なければならなくなるかもしれない。

国際化とかグローバル化というと、なぜか欧米をイメージする人が多いのですが、日本人がイメージすべきなのはアジアでしょう。いまアジア圏では、欧米とはまったく異なるかたちでグローバル化と統合化が進んでいます。

清宮　普通のビジネスマンにとっても、三時間で移動できるなら上海に住む、六時間かかるけどシンガポールに住むというのもあると思います。インターネットを中心にした職場環境もそれを許すことができます。それほどアジアは近い存在になっている。

外資系企業にいる時、日本法人のカナダ人社長はもちろん東京にいましたが、マーケティングの私のボスは、香港にいましたし、全世界を統括する人事責任者は、シンガポールに家があって、世界中を駆けまわっていました。

最近では、事業計画をもともと、日本市場だけでなくアジア市場全体で考える企業家も多くなっていますよね。そうなれば人の動きも、文化ももちろん急速にミクスチャーしていくし、価値観も違うと言いながら、同じ文化圏という土台があるから、ある程度安心感や親近感もあっていっしょになっていく部分がありますよね。それはもう始まっている感じです。

パラダイム・シフト

清宮　一九八九年にベルリンの壁の崩壊、その後の日本経済のバブル崩壊。二〇〇一年に9・11があって、今回のリーマン・ショック。十年単位の節目のなかで何かあって何かが終わる、そのたびごとにそれまでの枠組みが崩れ去っていく

BOOK
リーダーシップとニューサイエンス
マーガレット・J・ウィートリー＝著／東出顕子＝訳
英治出版／2009

という感じがします。しかもその回転が速い。

コンピュータが普及して情報化社会になったと、ついこの間まで言われていましたが、それは情報そのものが価値を持つ時代でした。すなわち、質の高い情報をいかに多く持つかが重要でした。しかし、いまは情報を持っていることより、その情報をいかに付加価値のある知恵に変えていくか、また何が本当に必要な情報なのかに焦点が当たる時代ですよね。ここ十年で急速に変わっている感じです。

社会的な関心も、情報やテクノロジーだけでなく、食とか農とか、水、エネルギーという基本的なところにどんどん移ってきています。

社会における組織モデルも変化し続けています。こちらにインプットがあって反対側にアウトプットがあるという、一つのできごとに一つの結果というような因果関係がシングルで単純な機械的モデルではなく、複雑なシステム回路を持つ生態として、つまり生き物のようなものとして組織を捉える、そういう認識、理論へとシフトしています。

社会のパラダイムの変化は、私たちの働き方や、求められる人材像も変えていきます。例えば、「学習する組織」概念を提唱したセンゲなどが言っているように、これからのリーダーには、「集団として学ぶ力」を生み出していく役

これからのリーダーには、
“集団として学ぶ力”を生み出していく役割が
強く求められる。

割が強く求められていく。それが組織のリーダーとして必須の条件になっていくのだと思います。もはや、カリスマ的リーダーの時代ではないんですね。

強力な一人の指導者が天の啓示でビジョンを創造するのではなく、そのビジョンの創造過程に集団の力を使う、そのプロセスを促進するのがリーダーの役目になる。

オットー・シャーマーの「U理論」は、まさに、集団で行う創造のプロセスを説いています。新しいアイディアやビジョンが、いかにして集団思考のなかで生み出されるか。誤解をおそれずにものすごく簡単に言うと、集団のなかで思考は過去から解き放たれて、深く潜っていく。どんどん潜っていって、混沌の底、これが「U」の字の下の部分でイメージされるのですが、そこのところにまで行って初めて、その混沌のモヤモヤのなかで「新しいこと」が生まれる。その誕生の瞬間はメンバーのみんなにわかるというんです。そして、今度は、そのモヤモヤのなかで生まれた「新しいこと」を、組織のみんなが共有可能なビジョンへと具現化、結晶化していくプロセスをたどって浮上していく。いままでとはまったく違う新しいものを生み出す時、無から有を生み出す時には、集団として一度、「U」の底の領域にまで行かなければならないというものです。

新しい思考は、過去から抽出されるのではなく、いまある集団のなかに出現

出現する未来

ピーター・センゲ、C・オットー・シャーマー、ジョセフ・ジャウォースキー、ベティー・スー・フラワーズほか＝著／高遠裕子＝訳／野中郁次郎＝監修
講談社／2006

する。これは、私たちが「質問会議」を行っている時に生じる、みんなでのめり込むようにして集中して考えるなかで、だれが発言したのかわからなくなるような、「チーム脳」状態で生まれるものと同じです。何かとつながっているというか、自分という個より、全体を意識できる感覚です。この時のコミュニケーションが「対話」だと、シャーマーも言っています。

変わり続けていく力

清宮　いまの時代は、変わり続けていくことが生きていくことになっているんです。意識していない部分もあるけれども、みんな変わっている。そして、意識的に変われる人や組織はより変化の速度が加速するから、より強く残っていく可能性があるということだと思います。

でも、総体として変わっている時は、いろいろな取りこぼしが出てくる。いろいろ落っこちてくる。全員が幸せになるのではなくて、その取りこぼしがいまあちらこちらで起きている気がします。

北川　日本の場合は、日本の純粋性を維持することに意義を見出すような勢力が出

新しい思考は、過去から抽出されるのではなく、
いまある集団のなかに出現する。

てきています。急速な変化と多様化のプロセスのなかではしかたのないことなのでしょうけれども。

四百年前の伝統をいまも変わらず守り続けるというような、博物館的な意味での文化の継承には、もちろん大きな意味があります。その一方で、さまざまな外的な影響を受けながら、変容を続けている文化もあるわけです。

ところが、変化への反動が強すぎると、博物館的な意味での文化継承ばかり強調される傾向がある。例えば、いまこそ儒教精神や武士道精神が必要だという論調がありますが、江戸時代の階級社会だからこそ機能した原理、支配する側にとって大変に都合のよい原理をそのまま復活させようというのであれば、成長するどころか、退行してしまいます。

清宮　ただ、実社会は変わっていくエネルギーのほうが強いですから大丈夫だと思います。エネルギッシュに変わっている。個人もその周りの環境も、ものすごい勢いで変わっている。仕事の現場ももうどんどん違ってきています。もののつくり方も発想の仕方も。
現実に、言葉にしても、食文化にしても、文明のいちばんコアなところがダイナミックに変わっていますよね。逆戻しの何かがあるにせよ、変化していく

BOOK
クリエイティブ・クラスの世紀
新時代の国、都市、人材の条件
リチャード・フロリダ＝著／井口典夫＝訳
ダイヤモンド社／2007

エネルギーのほうが絶対強い。そして、文明の部分でいうとけっして悪くなってはいない。

地球温暖化などをとっても、これは相当まずいとみんなが思ってきていて、どうにかしようとして個人も企業も社会全体がそういう視点を入れて動いています。社会の価値観も当然変わってきています。ガソリンを大量に消費してスピードとパワーを追求した車が売れる時代ではなくなった。電化製品も住宅も、エコがスタンダードになっています。間に合うか間に合わないかは確かにあるかもしれないけれど、悪い方向には変わっていない感じがしています。

変わり続けていくことが、
いまの時代を生き抜くこと。

第8章 対話の場を拓く

変化することは成長すること

清宮　ドラマチックに変わっていくことに対して、許容できるか、自分自身にも変化のためのエンジンやツールを組み込んでいけるのかという課題が出てきていると思います。

人が変わることは、成長していくことです。北川先生がおっしゃっている「対話」は、成長していくためのツールですよね。だから、そのツールをいかに自分のなかに組み込みながら日々生活していくかによって、変わり方も違ってきます。

普通に生活しているなかでも、私たちは日々学習しています。人間は環境に適応しないと生きていけないので、環境適応はずっとしているはずですが、それをいかに意識的に顕在化しながらやっていくか。その変革のためのエンジンを自分のなかにいかに埋め込んでいけるのかが、これからの時代を生きるキーになっていると思います。そして、それを楽しめるかどうかですね。

北川　「変わることが成長することだ」とおっしゃいましたが、それは私も重要だと思います。人間には変わりたくないと思う部分もありますし、例えば、「あなたは変わった」というと、なんとなく否定的なイメージもあります。

しかし、自分とは異質なものに触れることによって自分自身が変わっていった時、その変化は成長として捉えることができる。この場合も「あなたは変わった」と言われるかもしれませんが、明らかに肯定的な変化ですよね。

この成長をもたらすためには、自分とは異質なものに積極的に触れていく必要がある。自分とは異質なものに接した時、それを異質なものとして排除するのではなく、それと自分自身とを並べて客観的に評価できるかどうか。客観的な評価ができて、初めて変化という名の成長がもたらされる。ＣＨＡＮＧＥと

成長のツール、変革のエンジンを、
自分のなかに、チームに、組織に、
いかに組み込んでいくことができるか。

いってもさまざまですが、オバマ大統領の言うように多様性を生かすようなCHANGEであれば常に上昇型なんですね。

清宮 個としても上昇型だし、組織としても上昇だし、文明としても上昇なんですよ、スパイラル上昇ですね。

協同学習の場の設計

北川 そういう発想は強く打ち出していくべきですね。現状を現状として受け入れ、その現状において前向きに生きていく方法を冷静に論じられればいいのですが、なかなかそうはいかないんですよ。

例えば、教育界で「生きる力を育む」というのは、言葉としては受け入れられています。しかし、そこに経済社会に組み込まれるための教育という意味が含まれるとなると、教育の本義に反するから受け入れられないと言う人がいるんですね。

清宮 経済社会に組み込まれていくことが成長の場を与えられることなのではない

BOOK
「学習する組織」をつくる
カレン・ワトキンス、ビクトリア・マーシック＝著／神田良、岩崎尚人＝訳
日本能率協会マネジメントセンター／1995

でしょうか。人の発達と成長を生み出す学習ということでいえば、むしろ教育の現場よりも、人が成長する環境、要件がセットされてそこにはあるんですよ。

働く現場では、チームで相互干渉しながら課題解決していかないと実際に仕事が回らなかったりするんです。それから、世の中の回転が速いので、いままでに経験したことがないことにもすぐ対応しないといけないというケースも出てきていますが、そうすると、リフレクションするにしてもチーム力を駆使していかないと対応していけなくなる。こうした環境が与えられているので、協同学習の場も設計しやすいんですね。もちろん、個々の現場では、まだまだできていないという部分もあるのですけれども。

一方で、学校にはそういう環境が整えられていないといいますか、与えられていないように思えます。やはり、各自で固定化された指導内容を持っているし、子どもたち自身は変化しているにせよ、教える内容のほうには、先生方がみんなで互いに力を結集して学び直さなければならないような激しい変化もないように見えます。そういう環境に置かれてしまうと、変わるということに積極的に向かい合いにくくなってしまう。

例えば、子どもたちが将来、学校を卒業して変化の急激な環境で働くには、対話や質問を駆使して、みんなで問題解決していく「社会人基礎力」を見据えた教育も大切なんだということもなかなか入りづらい。これは知識や技能そのものではなく、知識や技能を手に入れるための学習能力を鍛えるというような話ですから。

学校現場でも、新しい社会に対応した教育を、というようなお題目は入ってきていると思うんです。でもそれを上からやれと言われるだけでは、うまく回らない。必然性が見出せないところで、上から下りてきてもだめなんですよ。それはどこの世界でも同じです。

大人の学び合いということでいえば、学校のなかでは先生たちが必然性のなかで協働する場はないのでしょうか。

北川 例えば、学校行事をする時にはチームワークになるわけですけどね。

清宮 もしかしたら、その行事も、とにかくこなすだけのタスクになっているのかもしれませんね。文化祭にしても体育祭にしても忙しいのに毎年決まっている行事だからやらなきゃならないということでやっているだけで、「私の本当にやるべきことは違うことだ、基礎学力をつけてあげることだ、あるいは、進学指導だ」というふうに思っている先生が少なくないような気がします。それが

BOOK

コミュニティ・オブ・プラクティス
ナレッジ社会の新たな知識形態の実践

エティエンヌ・ウェンガー、リチャード・マクダーモット、ウィリアム・M・スナイダー＝著／櫻井祐子＝訳／野村恭彦、野中郁次郎＝監修
翔泳社／2002

実は教える側も協同で取り組んでいい体験をするためのもの、先生自身や先生集団の成長のためのものでもあるというふうには受けとめられていないのではないでしょうか。

たぶん、一人一人としてみたら、熱心でいい先生は多いと思います。お給料や自分の時間などというものよりも、この目の前の生徒たちをどうにかしたいという気持ちがまずあって、真剣に心配したり、親身になって進路指導や生活指導の相談にのったりして……。

でも、少し厳しい言い方かもしれませんが、真剣になって取り組んでいれば、現場でものすごく強いフィードバックが来ますから、先生という仕事は、「対子ども」というところだけで達成感が得られる仕組みになっている。だから、やはり何か、先生方の協同の学びのフレームワークをデザインしておかないと、なかなか現状から抜けられない環境が学校にはあると思います。

チームで得る成長実感

北川 世界中で協同学習の事例を数多く見てきましたが、それが本当に機能するようになると、大人でも子どもでも楽しい。みんなで真剣に取り組む過程で、自分の考えが、みんなの力で育てられていくような感じがするんですね。

清宮　成長実感があるって重要なんですよ。

北川　そう、成長実感ですね。たった一時間の活動であっても、意見と知識と経験を共有することによって、成長実感を得ることができる。成長実感があれば、子どもも楽しんでやりますが、大人も楽しいんですよ。このような良い結果を出すためには、さまざまな仕掛けが必要ですが、サイクルが動き始めると、あとはうまくいきますね。

清宮　そうなんですよね。自転車には一回乗れたらそのあとも乗れるんですよ。一度回転しだすと、自然に回転する自立性があるんです。「質問会議」も、その基盤になっている「アクションラーニング」も、高揚感も含めた成長実感を得られるように、まさにその雛形で行っているものなんです。

新入社員が三年目で辞めるなどと言われていますが、若年層がその仕事を続けるか、その会社にとどまるかどうかのいちばんのポイントは、成長実感が持てるか持てないかなんです。自分を成長させなければまずいという世代的な強

BOOK
熱狂する社員
企業競争力を決定するモチベーションの3要素
デビッド・シロタ＝著／スカイライトコンサルティング＝訳
英治出版／2006

迫観念がある。この会社では成長できないと思うと、別のところに行かないと自分がだめになってしまうと焦ってしまうんですね。

業務が上から投げられて、自分が何のために何をやっているのかがわからないとか、フィードバックがないというような仕事は成長実感がない。オペレーショナルな仕事は成長実感が持ちにくいんです。企業は辞められると経済的損失が高いので、そういう観点からも、若手の育成には彼らが成長実感が持てるような仕組みをセットしようとしています。

ですから、成長実感を持てる場をつくることが組織にとっても大変重要なんですね。そのためのファシリテーターが企業のマネージャーであったりする。自分がやっていることに対しての成長実感と「認められ感」が与えられるというのが協同学習の場なんですよ。それを学校を含めて、社会のなかにどうやって設計して組み込んでいくのかということが、みんなで学び続ける社会になっていくための鍵でもあります。

北川　最低でも義務教育の九年間、あきらめずにずっと続けていれば、みんなができるようになると思います。

“みんなが自分を育て、
自分がみんなを育てた”という感覚が、
個人と集団双方の成長実感となる。

清宮　他のものが抜け落ちないでしょうか。

北川　日本の教育の場合、教養主義的な色彩が消えることはないでしょうから、少なくとも基礎基本の部分が抜け落ちることはないでしょう。これからも「漢字をいっぱい知っている」「計算を速く正確にできる」という価値の優先順位は下がらないでしょうから、あまり心配する必要はなさそうです。これがヨーロッパ、とくにフィンランドのような国だとあっさり底が抜けてしまうのですが。

清宮　「自転車乗れた」という感じをずっと維持していく。最初は自転車に乗れなくてみんなこけちゃったりなんかしていても、やがては乗れるようになっていく。そういうことを継続的にやっていくことによって、確実に社会には乗れる人がいっぱいになる。
　そして、自転車の練習と違うところは、協同学習は伝播するということですよ。一回協同学習ができる人たちが散らばると、またそこで協同学習の場ができる。そういうことですよね。

北川　協同学習には、自分でやって、現実に成長実感を得て、初めてわかる部分があります。自分でやってみれば、「何のためにやっているのか?」という疑いを持つこともなくなる。日本の場合、教師集団をつくるところから始めるといいますが、それは先生たちがまず自分たちでやってみて、仲間の存在のありがたさを知り、協同の意味を理解し、現実に成長実感をチームとして得ることを重視してのことなのでしょう。そこに第一歩があるべきなんですね。

「学ぶ力」としてのコミュニケーション力

清宮 チーム学習を設計していく時に、コミュニケーション能力は本当に重要なファクターです。コミュニケーションスキルを伸ばそうというのは、もうどこでも言われていることですが、学びの力としてのコミュニケーション能力というのは、人馴れというよりも、人とつながるスキル、創発するスキルであって、つまりそれは、変わっていくことのスキルなんですよね。

しかも、そのつながりも、昔は見えるつながりだったとしたら、いまは見えないつながりもありになっています。会社にいるからつながっている、家族だからつながっているというのは見えるつながりですけれど、いまはつながろうと思ったらどこのだれとでもつながることができるんです。本当に世界のだれとでもつながる環境に置かれている。

その時に、自分はどういう価値観を持っているか、どういう人とつながりたいのかなどが明確であれば、つながる相手を探し当てやすくなります。いまのIT環境をうまく使いこなせられれば、物理的制約を離れて、いままでとは違うつながりを求めることもできるようになります。自分が求めれば、かなり多様なつながりが持てると思います。

つながっていくことによっていろいろな機会が提供されて、自分が成長していくことの頻度も上がる。自分の成長も含めて、世の中にどう貢献できるかということについても、自分一人で考えているよりは複数の人とつながることによって、イメージが明確になってくることが往々にしてあります。

人間関係の希薄化

清宮　ただ、このIT環境のもたらしたマイナス面もありますよね。例えば、若い世代の人たちは、わからないことがあると、隣の先輩に聞くのではなくグーグルを引く。グーグルとウィキペディアばかり引いていないで隣の人に聞きなさいって思うんですけれども、こういう、面と向かって話をすることを回避する

BOOK
対話のレッスン
平田オリザ＝著
小学館／2001

傾向は、現実にあちこちの現場で起こっていることです。

メールを介したコミュニケーションに慣れきってしまって、直接的な対人コミュニケーションが弱くなっている感じがしますよね。前の職場で、部下に担当者に電話をして確認して欲しいと言ったら、メールでしますと言うんですね。電話すら怖いみたいですよ。我が家の息子の友達との交遊状況をみていても、まずはメールでお伺いをたて、よっぽどでないと電話しませんから。電話のほうが、はるかにコミュニケーションとして内容が濃いものが短時間でできるんですけどね。

若年層を見ていると、本音で個人がぶつかることを避ける風潮が感じられます。空気を読むとか読めないとか、「KY」なんて、まさにそれですよね。空気を壊してまで対峙することがない。壊すことが怖い。本音で対峙することは、本当の意味でのつながりや、自分の成長を促すことになるんですが、それを避ける風潮がビジネスの現場でも見られるようになってきていて、企業で生じるコミュニケーションギャップとして大きな問題になっているんです。

学生時代はサークルでみんなでやってきましたといっても、同じ感覚の人同士の集まりで楽しくやっていたということであれば、会社に入って、年齢も時代感覚も価値観も違う人とコミュニケーションとるのは苦手というか、楽しいとはならないんでしょうね。もっとも、同じ仲間同士でも口角泡を飛ばすような関わり方はしていないようですが。

北川　「みんな」の意味が違うんですよ。隣の人が自分の仲間の「みんな」なら質問するけれど、それ以外の「みんな」なら質問しないということです。

みんなで相談して問題解決するといいますが、その「みんな」が仲良しグループであれば、日本人は集団の力を最大限に発揮することができます。いまの若者たちや子どもたちであっても、仲間内のコミュニケーションは非常に密なんです。ところが、会社の隣の席のおじさんに質問するくらいだったら、グーグルやウィキペディアで調べたほうがマシだと思う。それらのツールは便利といえば便利ですが、ハウツー本に頼るのと同じことですよね。

地縁・血縁の集団の場合ならともかく、会社のような機能集団においては、相手がだれであろうと相談して問題解決する力が必要なんですね。仲良しグループの同調性や効率性が有用な場合もありますが、いまはむしろ同調性のないグループで多様性を際立たせたほうが有用なのではないでしょうか。

清宮　確かに、協同で何かをする意味だとか価値が、本当のところで理解されてい

BOOK
「対話」のない社会
思いやりと優しさが圧殺するもの
中島義道＝著
PHP研究所（PHP新書）／1997

ないというか、体感されていないんでしょうね。それは、単に、挨拶ができない、社交性がないとか、場馴れしていない、人馴れしていないということだけではないような気がします。もしかしたら、根本的なスタイルとか、あるいは、価値観によるものかもしれないですね。若い人たちの働き方を見ていると、ちょっとそこがおかしくなっている感じはしますよね。できている人はできているんですけれども……。

人と相互に関わらないということは、リフレクションの機会を逸している、つまりは自己成長の機会損失ということになってしまうんです。

確かに、ビジネス現場でのコミュニケーションは、緊張を強いることも多いでしょう。でも、入社時点で彼らが何を言っているかというと「社会に貢献する仕事がしたい」「自分が成長する仕事がしたい」の二点です。面接官をしている友人たちは、「社会に貢献する前に会社に貢献してくれ」と言っていましたが……。

「職場の人間関係の希薄化」は、みんなが指摘しているポイントで、若手が何を考えているのかわからないというのが管理職の愚痴のトップです。そんな本音を言わない若者を巻き込むようなコミュニケーションの場をもつくれていないわけです。

あきらかに業務時間外での社員同士の関わりは減ってきています。日本企業の特徴でもあった「飲みニケーション」も少なくなりました。これは、国民生活白書などでもデータとしても表れていることですが、もう、実感としてありますよね。ですから、人間関係希薄化の対策として、独身寮や社内運動会を復活させるというような試みも出てきているようです。

けれども、若手・中堅社員の成長実感は、上司が職場内にコミュニケーションの基盤をちゃんとつくっていて、職場の先輩、同僚、後輩からの関わりが高いほど生まれやすいんですね。縦のラインではなく、斜めのラインの上司、そして、横のライン、それこそ隣の先輩との関わりが、業務支援や自分のリフレクションを生んだり、心理的な助けにもなるという研究データがあるんです。[*1] 自分の成長をはかるうえでは、やはり、職場での日常的なコミュニケーションを豊富にする、密にする必要があります。

チーム内の多様性を担保する

清宮 実は、大人たちだって、本当にチームで学ぶということや、そのためのコミュニケーションスキルを身につけている人は少ないんだと思います。ベテラン

「チーム脳」のつくり方
成果を上げつづけるリーダーの仕事術
清宮普美代＝著
WAVE出版／2009

＊1 ▶『人材開発白書2009』(富士ゼロックス総合教育研究所／2008)所収

の社会人にしても、多様化のマネジメントがうまくはできない。教育という意味で言えばそういう基礎教育を私たちは受けてきていませんから。

多様性を際立たせる、多様性を担保するというのは、複数の人が働く時にとても重要になることなんです。いわゆる、みんなで考える「チーム脳」というのは、対話型のコミュニケーションをしていることなので、多様性を担保しながらやっていくことなんですね。

私はそういう意味で、「質問会議」は多様性を担保しているものだと思っていたのですけれど、ある勉強会で「チーム脳」について講演をしたあと、「チーム脳になるのはいいですね、これは日本人に合います」と言われたんです。「えっ、どうしてですか？」と聞くと、「日本人は阿吽《あうん》の呼吸とかがあるので……」と言われました。そういうふうに考えられることも確かにあるし、阿吽の呼吸というのも「チーム脳」といえば「チーム脳」であり……と、違う視点を示されてちょっとびっくりしました。

北川　みんなで相談して問題を解決するプロセスで、それが同調性に基づいたものではない時に、「チーム脳」が働くわけですよね、本来は。

清宮　そうです。そうなのですけれども、「チーム脳」は同調性をすごく加速させるところも確かにあるので、そういう文化のところでは、同調性を加速するところにだけシフトしていく可能性があるかもしれません。それは気持ちいいものでもあるので、そこはなんだか危険だなと思いました。

北川　そこは、協同学習と通じるところがありますね。欧米の協同学習は個が出発点で、個と個が結びついて集団になる。日本の協同学習は集団が出発点で、個は集団に埋没している。個が集団に埋没した状態で安易に「チーム脳」と言うと、同調性にのった形のほうがやりやすいので、「みんなそう思うだろう」「そうだね」という感じになってしまう。

清宮　ですから、そこであえて違和感を出させる仕掛けが重要なんです。同調性からだけでは、本当の問題解決に向かわないですから。多様な視点からのアプローチが必要なんですよね。

北川　教育でも、みんなで相談して問題解決する時に、最初に対立点を明らかにするような仕掛けをつくっておかないと、個が埋没した状態での集団的な問題解決になってしまいます。これでは多様性が活かされることはなく、創造的な問題解決には結びつきません。

清宮　それに、「違和感を出す」ということは「本音」に非常に近い部分が出るということでもあります。「質問会議」では違和感を出させるリーダーシップが重要なんです。本音でのコミュニケーションを誘発するということです。「質問会議」のフォーマットのなかでは、必ず、本当の問題が何かということをチームで考えてそれをみんなで再定義して共有します。その過程では違和感を出すような仕掛け、リーダーによる質問が組み込まれているんですね。違和感をテーブルの真ん中に出して共有化していくというフォーマットがある。それでも、共感とか、共有などについてはきちんと説明しなければいけないと思いました。

同調でも対立でもなく、対話を

北川　確かに、日本人のコミュニケーションは同調性を重んじる傾向がありますが、その反動からか、「闘うコミュニケーション」に流れやすいという傾向もあり

集団・組織の多様性は、同調圧力に屈せず違和感を互いに出し合うことによって担保される。

ます。それも相手を否定することで自分の正しさを証明しようとするような、やたらと攻撃的なコミュニケーションなんですね。対立を回避するためのコミュニケーションを重視する一方で、対立を激化させるようなコミュニケーションに魅力を感じる部分もあるようです。あるいは、そういう「闘うコミュニケーション」こそ、日本人を国際的に通用させる手段だと思っているフシもあります。

私は外務省に勤務していた時から現在にいたるまで、さまざまな国の人々と仕事をしてきましたが、仕事のうえで論争のための論争をしたことはほとんどありません。日本では想像もつかないくらい攻撃的な物言いの人はいくらでもいます。しかし、別に言葉を戦わせることが目的ではないし、解決すべき問題は山積しているので、論争らしい論争にはならないんですね。

むしろ日本人と仕事をしている時のほうが、無用な論争に巻き込まれることが多い。物言いは必ずしも攻撃的ではないのですが、戦うことが目的としか思えないように絡んでくる人もいる。ふだんは同調的なコミュニケーションをしているのに、議論となると急に熱くなるようです。

清宮　違う自分になるのかもしれません。日本のビジネスの慣行では、いわゆる

「根回し」ということがありますよね。会議の前に、論点を確認し個別に説得工作をして、本番会議では粛々と進めていく。

いまの話を聞いて思ったのは、根回しなしのルールで議論すると、相手をやっつけなければならないというマインドになってしまうのではないかということです。意見を根回しなしで公式に表明しろということが、正々堂々と戦えと言われているような感じに受け止められて、攻撃的になるのではないでしょうか。

北川　私も外務省にいた時は「あいぎ（合議）」という根回しをさんざんにやりました。いま思えば、それは非常に対話的なプロセスでした。あれを公式の場でできるようになれば、日本も変わるんでしょうね。

日本の学校教育では、相手を傷つけず自分も傷つかないような、同調的なコミュニケーションを重視する傾向があります。その一方で、ディベートのような「闘うコミュニケーション」を取り入れるところも増えてきました。それはそれで意味のあることなのですが、対話のような「歩み寄るコミュニケーション」に目が向けられないのは残念なことです。実社会においては、どのような問題に直面した場合でも、いざとなると「闘うコミュニケーション」よりも、

「歩み寄るコミュニケーション」のほうが間違いなく役立つんですけれど……。

対話というと、昔はどこの国でも、国際的に活躍する一部の人々だけができればよかった。しかし、いまはそれを学校教育を通じて全体に広げようとしています。グローバル企業で働く人だけではなく、どのような職場で働く人でも必要だというのが世界の教育の潮流なんですね。対話ができると何かいいことがあるというよりも、できなければまずいということで、学校教育を通じて全体に広げることが始められたんですね。

清宮 私たちの社会のためにですね。

北川 そう、私たちの社会のために。

清宮 かつ、できてしまえばおもしろいんですよね。

北川 できてしまえばおもしろい。それに対話は、きちんと段階を踏んで訓練すれば、決して難しいものではないんですよ。対話については、技能はそれほどたいしたものではない。むしろ、姿勢と意欲の問題のほうが大きいんです。

姿勢と意欲

北川　対話の姿勢と意欲というのは、自分と他者の違いを尊重することができるかどうか、さらには楽しめるかどうか、自分が変化することを楽しめるかどうか、自分とは異質なものに積極的に触れていくことができるかどうかなどといったことを意味します。こういった姿勢と意欲は、子どもにとっても、大人にとっても、スキル以前に、というよりも、スキル以上に重要なんですね。

日本の文化について外国人に説明するには、もちろんスキルも必要ですが、それ以前に姿勢と意欲が必要です。

例えば、「わびしい」「さびしい」という感情を、日本の文化では「わび」「さび」として尊重してきたわけですが、「わびしい」「さびしい」をネガティブな感情として捉えるアメリカ人にはそれが理解できない。「わびしい、さびしいのどこが素晴らしいんだ」と言われたからといって、「ああ、やはりアメリカ人にはわからない」とあきらめたり、「これは日本人にしかわからないんだ」と自分の特殊性に逃避したりすると、自分とは異質なものとの接触を拒絶したことになりますから、そもそも対話が成り立たない。「わからない」という現

違いを受け入れること、
違いを尊重すること、
違いを楽しむこと。

状を受け入れ、その溝を埋めていこうという姿勢と意欲があって、初めて対話が成立する。確かに対話が始まればスキルも必要ですが、対話を成立させ、対話を維持するのは姿勢と意欲なんですね。

この姿勢と意欲は初等教育で十分に身につけることができます。それほど特殊なことを必要とするわけではありませんから。

何よりも大切なのは、違いを受け入れること、違いを尊重すること、そして違いを楽しめること。だから、全員の同調性を確認して安心するのではなく、個人個人の違いを明らかにしていくことが必要になる。

ただし、違いを明らかにしていく時に、自分の大本となる軸がしっかりしていないと、自分自身が揺らいでしまう危険があります。「おまえだけが違う」と言われると、「自分はおかしいのではないか」と自信がなくなってしまうんですね。よく「そんなことをしているのは日本だけだ」とか「外国ではこうするのが普通です」と言われると、思いきり揺らぐじゃないですか。軸がしっかりしていないから揺らぐんです。また、自分の軸がしっかりしていないと、他者との違いを埋めていく作業も難しくなります。だから、子どもの段階から、軸をつくっていくことが大切なんです。

第9章 自分軸をつくる

スタンダードのない時代

北川　経済が大きく成長していた時代であれば、みんなと同じように考え、みんなと同じように行動していれば、人並みの幸せは約束されていました。この段階では「自分の軸」を意識しないほうが個人としてもラクだし、社会全体としても効率性がよかったんでしょうね。だからこそ、そういう時代に育ったお父さんは「他人様の言うことをよく聞きなさい」と説教するわけです。

人生に当然のコースのようなものがあって、そのコースに乗っているかぎり、何か問題が生じたとしてもだれも責任をとらなくてもいい。同調性の強みのようなものが社会にあったんですね。

日本ではつい最近まで、学校を出ても働かないという選択肢はまず考えられませんでした。また、就職してしばらくすれば結婚するのが普通でした。結婚しないと、上司や親戚のおばさんが騒ぎ始めるんですね。そして結婚してしばらくすると「子どもは?」と聞かれることになる……。

しかし、ここ十年ほどの間に、すっかり変わってしまいました。社会的に認知されているかどうかはともかくとして、学校を出ても働かないというのは決して珍しくない。結婚も出産も個人の選択の問題として捉えられるようになった。

人生の当然のコースがなくなるというのは、世間の束縛がなくなるという意味では自由になったといえるのですが、その一方で、守ってくれるものもどんどんなくなってしまったんですね。若気の至りで「自己決定」して、それで問題が起これば「自己責任」をずっと孤独に背負っていかなければならない。だれも助けてはくれないんですね。

いまでは他人と同じようにしていても、人並みの幸せは必ずしも保障されません。こういう時代だからこそ、自分で考えることが必要であり、自分を変えることが成長になるのであり、そのような成長が必要になるんです。

清宮　自分が変わらないということや周りとの違いを出さないでいることにおけるリスクのほうが、いまはむしろ高くなっている感じがします。変わらないことがリスクになりますよね。

例えば、いまの世の中、転職しないで一つの企業で勤めあげると思っているほうが、相当リスクが高いでしょう。一企業に長く勤めあげることの優位性はあるにしても、いろいろな意味で会社に対して全幅の信頼をおけるような状況ではなくなっています。

だから、個人は、その会社でしか通じないようなスキルよりも、どこの会社へも持っていくことのできるポータブルスキルの獲得をしなくてはならないと思うわけですし、「変わる」ということや「違う」ということのリスクをとるほうが、逆に安全な道をとっていくという状況になっていく。結婚する時に、「この人と一生添い遂げます、以後ずっと同じ価値観で生きていきます」というのは意気込みとしてはOKですが、そう思い込むリスクは高いと思いますよ。

これは実際起こっていることです。多様化のなかで変わっていくほうの人が成功していたり、楽しそうに見えたりするから、感度がいい人はそちらのほうに行くんですよ。そうやって、変わることの楽しさや、違いがあることの楽しさは伝播していく。反動として保守的になっているという部分は確かにあるのかもしれませんが、大きな流れとしては、いま世の中は変化と多様化に向かって激動していると思いますよ。

北川　だから、人生の当然のコースに乗っていれば人並みの幸せが約束されていた時代と比べると、いまは多様な生き方ができるけれども、自分を守る手立ても自分で考えなければならない。それは人生の選択肢を見極める力であったり、社会に対して要求する力であったり、自分なりの幸せをつかんでいく力であったりするわけで、これからの教育が視野に入れていくことが求められている。そしてそこに、いかにして自分の軸を形成していくかということが関わってきます。

清宮　ここのところ、若手を中心にした自己研鑽プログラムのなかでも「自分軸をつくる」という表現がされています。先ほどから、軸という言葉がよく出てくるのは、世の中が変わっているからですよね。周りが変わる、自分も変わる。でも、その中心にあるものは何かということをそれぞれが考えなくてはならない。それは価値観かもしれないし、信念かもしれない。柔軟に変容していくからこそ、自分の軸が必要になる。

軸をつくる教育

北川　「軸をつくる」というと抽象的ですが、要は自分の考えをしっかりと持つように教育することです。本来なら、それほど難しいことではありません。発達段階に合わせ、その時点での知識と経験に応じて進めていきます。

例えば、物語を読んで、音楽を聴いて、自分の意見を言う。最初から分析して批評することなど求めてはいけません。おもしろいか、おもしろくないか。好きか、嫌いか。その程度で十分です。

とくに初期の段階では、よけいな抑圧を加えないように注意する必要があります。好きなら「好き」、嫌いなら「嫌い」とはっきりと言えるようにしなければなりません。それが他人との違いを恐れないことにもつながります。

大人は「価値のわかる子どもを育てたい」と思うもので、いわゆる名作を「価値あるもの」として押し付けがちです。そうすると、子どもは大人の思惑を敏感に感じ取り、内心では「つまらないなあ」と思っていても、口では「すばらしい作品だと思いました」と優等生的な反応をするようになる。そういう技術も、ある意味で「生きる力」ではありますが、他人との違いを恐れることにつ

自分を捨てることなく自分を変える。
軸のある個人が、
多様性と創造力のある社会をつくる。

ながりやすい。個が集団に埋没しやすい。もちろん、そういう子どもを育てたいのならば、それはそれで正しいのでしょう。しかし、他人との違いを恐れず、むしろ違いを際だたせていこうとするならば、しっかりとした自分の考えを持ち、はっきりと意見を言えるようにしたほうがいいでしょう。

自分の軸をつくっていくには、常に意見を求められ、常に意見を述べなければならないような環境が理想的です。もちろん、意見は簡単なもので構いません。子どもなんですから、乏しい知識と乏しい経験によった稚拙な意見でいいんです。

ただ、そこで大切なのは、その時の自分の意見は、あくまでもその時のものであって、絶対的なものでもなければ、恒久的なものでもないことを教えることです。その時は絶対にそうだと思っていても、後に自分のなかで意見が自然に変わっていくこともあるし、他人の意見を聞いて自分の意見が変わることもあるし、知識や経験を通じて意見が変わることもある。変わるほうが自然だし、変わらないほうがおかしいいんですね。

自分の未完成さを認識する

BOOK

形成的アセスメントと学力
人格形成のための対話型学習をめざして

OECD教育研究革新センター＝編著／有本昌弘＝監訳／
小田勝己、小田玲子、多々納誠子＝訳
明石書店／2008

北川　とくに大切なのは、世界には学ばなければわからない価値があり、かつ、それを学んでわかっている人たちも存在するということを教えることです。

例えば、私が十三代目なんとか左衛門のつくった茶碗を見て、ただの小汚い茶碗にしか見えなかったとしても、「これは小汚い茶碗だ」とは言わない。それが学ばなければわからない価値だと思うからです。もちろん、「どう思いますか？」と聞かれたら、「小汚い茶碗にしか見えませんねえ」と言ったって構わないんですよ。でも「きっとわかる人にはわかるんでしょうね」と付け加えるでしょう。他者との違いを「恐れる」必要はありませんが、自分とは違う他者と、自分の理解できない価値を「畏れる」必要はあるんです。

学ばなければわからない価値への畏れ、知識への畏れ、他者の創造力に対する畏れなどが、厚みと深みのある社会を成り立たせている。それを認識するからこそ、さらに深く知ろうと思う。つまり、次の学びへとつながるんですね。

「軸」をつくる教育には、ある意味での二重性があります。その時点での知識と経験を駆使して意見を述べさせるという面がある一方で、その時点での知識や経験が不十分なものであることも認識させるという面がある。この二重性が、他者のみならず自分をも含めてクリティカルに評価するという姿勢につながるわけです。

社会に出れば、その時点での不完全な知識と経験を駆使して、価値判断をしていかなければならない場面はいくらでもある。でも、それがすべてじゃないんだ、学んでいない自分にはわからない価値がたくさんあるんだ、それをわかっている人たちもたくさんいるんだという認識がなければ、次の学びにはつながらないんです。常に自分が未完成であることを認識していれば、学びによって自分が変わっていくことが実感できる。それが成長実感を生むんですね。

清宮　成長実感というのは、若手にとって、職業選択のポイントになるとても重要なものですからね。新入社員へのアンケートなどを見ても、働くうえで最も大切にしたい価値観が「成長」ですから。そして、その成長実感は職場の人間関係によって大きく影響されます。

北川　未熟な段階でも価値判断をさせる。それと同時に、壮大な知識と価値の存在、そういった知識を身につけ、価値を理解する他者の存在を見せつけることができれば、学びの意味が強く感じられるはずなんです。会社では、先輩がいたり、上司がいたりしますし、いやでも結果が出てくるので、学びの意味を痛感するでしょうし、成長実感も得やすいでしょうね。

清宮　そうですね。逆に、それが感じられない仕事や職場環境もすぐにわかってしまうのですけれども。私たちが働きやすい現場というのは、そこが学ぶ現場になっているということなんですね。学びそのものが内発的なモチベーションによって行われている職場です。そのことは強く感じます。

学習中心の社会にいま変わってきているんですよ。いままでも多少はそうでしたが、それがここにきてより強固になってきています。自ら学習し続けることによって、軸ができて、成長もし、この社会をよりよくしていくというエネルギーが働く。

北川　いままで学んできたことにしがみついているだけではいけないということでしょう。むしろ、いままで学んできたことを、これから学ぶことで修正する、場合によっては否定していく。そのような学びによってこそ、自分が変わることができる、つまり成長することができるんですね。

ローカルという価値

北川　先ほど「学ばなければわからない価値がある」と言いましたが、この価値に

働きやすいと感じる現場は、
必ず“学ぶ現場”になっている。

は普遍的なものと個別的なものがあります。世界がグローバル化すればするほど、多様性が重要になるという現状からすると、世界で普遍的に認められた価値も重要ですが、それ以上に、国ごとに、あるいは、文化ごとに大切にしてきた価値の重要性が高まってきていると考えられます。

この点はグローバルな意味での教育と、国ごとの教育との関係を考えるうえで、非常に重要なところだと思います。OECDが想定するグローバル・スタンダードの学力は、本質的には個別性を排除したものです。それぞれの国や地域が大切にしている領域には、あえて踏み込まない。個別性を排除したところで、どの国の子どもたちにも身につけておいてほしい能力を定義する。その意味で普遍的な学力ともいえるんですね。個々の民族性や文化などは完全に無色化されているわけです。

しかし、それは個々の国の教育が無色化すべきだということではありません。個々の国の教育が多様であるからこそ、個々の国の足元に共通となる基準を設定しただけのこと。それぞれの国が独自の教育を行っていることが前提になっているんですね。独自の教育を棄てろということではないんですよ。

グローバル・スタンダードの学力、日本ではPISA型学力といったりしますが、それを身につけるための教育は必要ですが、それがすべてになっては絶対にいけない。国籍不明の外交官を養成するようなものです。世界を視野に入れた教育をするから、古典教育はしなくてもいいとか、日本人の心や美徳を教えないとか、そういうことではないんですよ。グローバル・スタンダードの学力を身につける教育を強化するというなら、同時に個々の文化に応じた教育も強化すべきなんですね。

清宮　本当にグローバル化した状態では、グローバルな環境のなかでの競争にさらされる可能性があるわけですよね。人材のグローバル化を考えると、そこは激しい競争世界になっていくかもしれない。そのグローバル・スタンダードの学力がすべての子どもたちに必要な力だということですが、ローカルで固有のスキルがある人を育てることが大事な場面も多いように私も感じていました。

私の実家は内装業なのですが、日本の家屋でしか使われないローカルな技術であっても、それをしっかり磨いていることが、例えば、お給料にしても高いものを維持できることにつながるという面もあると思うんです。なんでもかんでもグローバル化すると、むしろ陳腐化してしまうスキルも出てくるかもしれないですよね。

北川　そうなんです。下手にグローバル化すると、失われてしまう部分もあるということに関しては教育も同じです。日本の教育は一義的には日本社会で生きていく日本人のためにあるもので、そこに文化の継承があり、日本人としての価値観が強烈なかたちで植えつけられていく。それはどこの国の教育でも同じこと。グローバルな部分よりも、圧倒的にローカルの部分のほうが大きいんです。

グローバル・スタンダードが必要なのもわかるし、それが重要なのもわかりますが、その価値は絶対的なものではないし、恒久的なものでもない。これは教育のみならず、あらゆるグローバル・スタンダードに当てはまることですけどね。

グローバルとローカルに分化するという現象は、おそらくどこの国でも起こるでしょう。国の規模によっては、ほとんどがグローバル企業にならざるをえないところもあります。地域統合の結果、個々の国が経済体として生き残っていくのが難しいところもある。それに比べると、日本はまだ恵まれているわけですから、ローカル企業はローカル企業でむしろ頑張ったほうがいいのかもしれません。

清宮　私も最近、そう思っています。

BOOK

文章読本

谷崎潤一郎＝著

中央公論新社（中公文庫・改版）／1996

北川　教育でも、個々の国が大切にしてきた個々の教育があります。多くの国の教育がスキルだけではなく、心の豊かさの部分も重視してきたんですね。

清宮　それは文化の価値観をはらんでいるという意味ですか？

北川　そう、それはどこの国でも同じだし、教育の大きな部分を占めています。
フィンランドはOECDのPISAで好成績をおさめたことで有名になりましたが、フィンランドの教育関係者のなかには「フィンランドの子どもたちはグローバル・スタンダードの学力しか高くないのではないか」ということに危惧を抱いている人もいます。グローバル・スタンダードの学力も重要だと思っているけれども、フィンランド文化の継承者としての力を備えているかどうかに不安を抱いているんですね。世界的に話題のフィンランド教育であっても、一義的にはフィンランド社会で暮らすフィンランド人のためのものであることが、よくわかります。
それぞれの国の文化の価値観をはらんだ教育は、それぞれの国にしかできません。だから、OECDは関知しないんです。そういう部分は、それぞれの国がそれぞれ責任を持ってやるべきだということですね。グローバル・スタンダードという普遍性と、個々の国の持つ個別性の関係は、だいたいそういうものです。そこはしっかりと分けて考えないといけない。

とはいえ、グローバルな価値観とローカルな価値観のぶつかるところがあるのも事実です。とくに日本の場合は文化の厚みも深みもすごいので、なかなか両立させていくことが難しい。ＯＥＣＤの示したグローバル・スタンダードの学力をどこにどうやって落ち着かせていくか、まだまだ模索は続くでしょう。

学習者中心主義

北川　自分のなかに軸をつくる時に重要なのは、「自ら学ぶ」ということです。学校で習う、先生が教えてくれるという、学校中心的、教師中心的な考え方では難しい。子どもが中心になるような学び、学習者中心の学びが理想的なんですね。

清宮　ビジネス現場を見ても、トップダウン型のリーダーの場合、説明責任をほとんど果たしていない場合が多いんです。質問されることが、まどろっこしくて嫌なんですよね。とくにビジネス現場では、黙って自分の手足となって動く部下が欲しい上司はいっぱいいます。やはり、いちいち聞いてくるなというような、自分の指示に疑問をはさまれることを嫌う傾向があります。でも、そうではないんですね。それでは、うまく仕事が回らない。だから、「質問会議」というものが出てくるんですね。

学校の先生に関しても、質問を受けるのを嫌がる先生は多そうな気がします。そういう先生は、自分が教えているその通りにストーリーを続けたい。だから、子どもたちによってそれが横に流されることを嫌う。いわゆる、子どもたちの側に立った学習を促進する、柔軟な働きかけが苦手な先生なんですよね。

北川　そうなんですね。先生がうんちくを傾けているだけでは、いつまでたっても学習者中心の学びにはならないんです。先生が材料と方法を提示する。そこから子どもたちが自分たちで疑問を見出し、それが解決すべき問題になっていく。そして、リフレクティブ・シンキング（問題解決思考）[*1]の手順に従って、よりよい解決策を見出していく。先生は必要に応じて助言を与えるだけでいいんですね。

こういう教育をしようという動きは出てきていますが、どうしても先生が中心になってしまったり、あるいは、子どもの自由に任せすぎてしまったり、試行錯誤の段階にあるようです。子どもの自由に任せるのはいいのですが、そも

＊1　▶第1部第3章　リフレクション―体験をモノにする力　P.51

そも学び方を知らなければ、自ら学びようもない。問題を見出すのにもやり方があるし、問題を解決するのにもやり方はあるんです。まず学び方を学ばないことには難しいですね。

清宮　「How to learn」ですよね。

北川　そう、「How to learn」。フィンランドの中学生用の国語の教科書には、最初の百ページくらいをかけて、国語の学び方と学ぶことの意味について具体的に説明しています。とくに学ぶことの意味というのは重要で、学びの意味がわからなければ、自ら学ぼうという意思も持ちにくいんですね。

最近では「Learning to learn」といって、過去の学習実績よりも、未来に向けての学習意欲を評価しようという考えも出てきています。これまでに何を学んだかというだけではなく、これから何をどう学ぶかというのを重視した考え方ですね。学びは学校だけのものではありませんから、こういった発想は非常に重要でしょう。

こういった発想を取り入れていくというのなら、教育の手法も大きく変えていかなければなりません。日本の場合は、発想だけではなく、手法自体も教師

BOOK
Assessing Learning-to-Learn
A Framework
Jarkko Hautamakiほか＝著
Helsinki University Printing House／2002

中心的なんですね。

清宮　大人は、実利的で、目的に一直線で、なおかつ、いままでの自分の経験と結びつかないものは学習しない。そして内発的な動機付けがなければ他からいくら働きかけられても学ばないと、教育学者のマルコム・ノールズも言っています。

企業ではこれらの点を踏まえて、学習者が自ら学ぶ場を設計する必要があるわけなんです。そうでないと、いくら特別に時間をとってインストラクターに教わっても、学習したことが現実に生かせないし、意欲も生まれない。お金と時間をかけて何も残らなかったということも起こりがちです。ですから、企業の研修担当者は、いかに研修、学習を現実の職場で生かせるか、つまりＲＯＩ（投資効果）を常に考えています。

本当の意味での人材育成をするには、これをもう少し推し進めて、現場での「一皮むける体験」が必要なんです。いままでとはまったく違った職務に就くとか、一つ上の職位に就く。そこで、いままでとは次元の違う、ものすごく大変な体験をする。その体験のフィードバックによって新しい自分になるというようなことですね。

過去の学習実績よりも、未来に向けての学習意欲を評価する。

そういうことも含めて、企業側は、学習者中心の学びの場を設計するようになってきている、そうしないとだめだというふうに切り替わっているのですが、その背景には、上司が「教える」ことができる状況ではなくなっているという現実があります。日々状況が変わりますから、業務で教わったものは変わっていくのが前提になって、教わった通りにやっていたらなんか違うことになっているということが本当に多いんです。

北川 それは教育でも考えなければならない点です。職場ならば学習したことを常に現実の状況に適用させなければならない。だから、状況の変化を想定して、指導も学習も柔軟に変化させていくことが不可欠でしょう。

しかし学校では、いきなり社会の厳しい現実にさらされることは想定していないので、どうしても指導も学習も固定的になりやすいんですね。そのため、こういう変化の激しい時代ですから、学校と社会とのズレがどんどん大きくなってしまう。これは日本だけの現象ではなく、世界中の学校が共通して抱える問題です。

ですから、最近の世界の教育の潮流としては、とくに義務教育では観念的なことを指導するよりも、習得した知識や技能を実生活に適用することを重視し

BOOK

仕事で「一皮むける」
関経連「一皮むけた経験」に学ぶ

金井壽宏＝著
光文社（光文社新書）／2002

ようという方向に向かいつつあります。これは実生活に適用できるということで、学びの動機付けにもなるという利点もあります。

例えば、いじめを克服した主人公の物語を読んだら、その主人公の解決策について検討し、それが現実のいじめ問題に対応できるものかどうかを考える。ほかに解決策はないかどうかを考え、よりよい解決策を見出していく。さらには、自分たちのクラスの問題に適用して考える。常に「自分だったらどうするか」という視点で考えることが必要ですね。

「自分だったらどうするか」というのはエンパシー型の発想です。*2 エンパシーで重要なのは、相手になりきるのではないということ。主人公がヒーローだからといって、自分もヒーローになりきってしまっては何も問題は解決しません。「物語の主人公は勇敢だったから、こうやっていじめを克服した。では、この臆病な自分だったらどうしたらいいんだろう？」、こういうエンパシーの発想が、現実の問題への適用につながるんです。

学びをつなぐ

清宮　会社にはそういうことを学ぶセットがあります。それを回転させていくこと

*2 ▶第2部第6章　エンパシーという発想　P.109

によって会社がよくなっていくという仕組みがあるんです。その仕組みをそのまま教育現場に持っていくことができるかどうか、あるいは、その必要があるかどうかはまた考えなくてはならないことだと思いますけれど、ただ、人材育成に関してのコンセプトの共有化はしたほうがいいと思います。

時代によって求められる人材は違ってきています。人の根本は変わらないのかもしれないけれども、どういう能力が必要かは、明らかに変わってきていますよね。産業革命の時代に必要な人材と、情報化社会に必要な人材は違います。いまは情報化社会とはまた違ってきています。情報そのものに価値があった時代から、情報をいかに知恵にするかが重要な時代になった感じです。ビジネスで成功するためには、ただ水が欲しいとか、ただ靴が欲しいという単純でわかりやすいニーズに応えていればいいという時代ではない。複雑で抽象度の高いサービスがいま私たちの社会では求められています。ＩＴのスキルとか、情報リテラシーを補うだけの教育ではそれに対応しきれない。

情報を知恵にする力は、情報を得る力とは別のものです。情報にアクセスできる能力は基礎力ですが、いま言われている知識基盤型社会において大切な力というのは、それは、協働する力であるし、自分の軸を持ちながら柔軟に変容していく個の力でもあると思います。

BOOK
キー・コンピテンシー
国際標準の学力をめざして
ドミニク・S・ライチェン、ローラ・H・サルガニク＝編著／立田慶裕＝監訳
明石書店／2006

北川　知識基盤型社会といいますが、ここでいう「知識」とは固定的なものを想定していない。指導者が教え込み、学習者が覚え込むようなものではないんです。人類の進歩とともに知識も進歩し、それに応じたパラダイムの転換が期待されています。

清宮　そういう時代に必要な人材というのはどういう人材なのか。そういう根本的なコンセンサスが、ビジネスと教育の間でとれていくとおもしろいと思いますね。

北川　OECDの定義からすると、「生涯にわたる学習力のある人」というところでしょうか。それはすなわち、グローバル・スタンダードの学力のある人ということでもありますが。

清宮　生涯ずっと学び続ける学習者である人物が、いまの時代にいちばんフィットしているんですよね。学び続けて、いっしょに行動しながら考える力、みんなで問題解決する力を常に高めていく。

そうしたら、社会はやっぱりよくなりますよ。それが、変革していく、成長

“ともに学び続ける人々”が、新たな時代を切り拓く。

していくということですから。そのためには、やはり、学びの本質的なところで、学校教育と社会を結びつける仕組みを考えていくことが求められているのだと思います。

北川　日本中を探せば、すばらしい実践をされている先生はたくさんいるんです。しかし、公教育という観点からすると、「そういう先生もいる」ではなく、「どの先生もそうしている」でなければ困るんですね。日本の子どもたちのだれもが、そういうことを学校で学べば、学校以外の場でも生かしていくことができる。学校を出たら、社会でも学ぶ。こうして、子どもたちはみな、生涯にわたる学習者になる。そうやって全体がよりよい方向へと向かっていく。それが理想ですよね。

清宮　理想であるけれども、理想のままではなくて、そうならなくてはいけないですね。

◉あとがき

清宮普美代

アメリカの大学院に留学していた頃、ものすごく違和感を覚えたことがあります。それは、課題レポート作成など事あるごとに「チームで仕事をしなさい」と言われ続けたことです。日本人である私は、そんなレベルのこと、わざわざ大学院で言われることかと思っていたのですが、当時、小学校四年生の息子の学校での状況を見て、なるほどと思い当たったことがありました。息子は学校で「あなたは何をしたいのか？」「どう思うのか？」と聞かれ続けていました。（当時、英語ができない彼は非常に苦悶していましたが。）まずは、自分の考えを述べよ、ということ。

そうか、チーム活動での調和は、多様性が標準のこの国では大学院のような高等教育で修めるべきものでレベルが高いものなのだ、ということで納得しました。実際、大学院では、クラスメートは、それぞれが職を持つ社会人大学院生であったため、自分の都合を声高に言い合って、話が一向に進まないことが多かったというオチもありました。

そんなクラスメートの一人が、労働省でインターンをしており、指導教官であるマーコード教授が開発したアクションラーニングのセッション（つまり「質問会議」）を行ったところ、いままで一向に話し合いが進まなかった省庁の末端事務レベルの話し合いが非常にスムーズに生産的にできた、と目を輝かして語っていました。これが、私が「質問会議」を知った契機でした。この時、明確に意識はしていなかったものの、「質問会議」で生み出される対話の持つ効果に私自身が魅せられたのかもしれません。

帰国以来、学習環境づくり、つまり、アクションラーニングを核とした組織開発プログラムを企業に導入し、数多くの組織で実践のサポートをしています。そんななか、厳しい状況を強いられている企業における最近のキーワードは「現場力の向上」です。

この〝現場の力〟というものを紐解くと、「実際のビジネス現場で、次々に生まれる難問を、人が協働し、現実の問題解決を行っていく組織力」のことです。ビジネス現場のマネージャーへのヒアリングなどを通して、私自身この現場力の源泉こそが「対話」であるとの思いを強くしています。

メンバー間、上司部下間で対話が生まれている職場は、実際とても活気があります。逆に対話が生まれていない状態では、業務はダウンロードされ、人は自律的に動きません。問題の解決も、上から与えられた指示に沿って行われてはいるものの、それが状況に合わないこともしばしばで、働く人はなにか疲れている、やる気がない、そんな職場になっている状況を目にしています。

いま、私たちの抱える課題、問題は、一人では解決できない複雑さを持っています。私たちは協働しながら、いままでにないかたちで、社会における共通の課題を解決する力が求められているのではないか、それを実践するためのメソッドが対話という形態のコミュニケーションなのではないか、と思っています。

こんなことをつらつら考えていくと、私たち、大人が学ぶことの意味は、よりよい私たちの未来をつくりあげていくことのような気がしてなりません。対話により、問題を解決し、対話により私たちの未来のイメージを、個人としてではなく、集団としてつくりあげていくことではないかと思うのです。本書の副題にもなっている、未来を生みだすコミュニケーション。それができるように、私たちの力を開発していく必要があるとの思いを強くしています。開発すべきは、対話の力、です。

北川先生には、企業現場で教育に当たっている私たちに、数年前から「対話」についてのワークショップを実施していただいています。毎回参加者から、大変ポジティブな反響があり、「また受講したい」という声が多数届いているワークショップです。なぜ、それほどまでに私たち（企業内〈外〉教育担当者）は〝熱狂〟するのか。それは、北川先生の見識や知見が、ビジネスの現場で起こっていることの非常にわかりやすい紐解きになっているからです。

ビジネスの現場は、実は、大人の教育の現場でもあります。私自身は、実践者として、学校現場とビジネス現場をつなぐものが必要だと感じています。教育とビジネスは分断されるものでなく、統合されていくものです。

相互関与をより触発し、対話を生み出すこと。ここに、新しい時代の働き方のポイントがあります。対話は、これからの〝できる〟ビジネスマンのスタンダードスキルになるでしょう。

最後になりましたが、この書籍制作に関わる全ての方に感謝を捧げたいと思います。本当に素晴らしい〝対話〟の場をありがとうございました。

また、私たちの〝対話〟である本書が、お読みいただいた方にとって〝学習〟のきっかけになったとしたら、これに勝る幸甚はありません。

二〇〇九年六月　東京・青山にて

◉あとがき

北川達夫

日本の教育には「なぜ?」がない。

これが私の最初の印象だった。先生は子どもに「なぜ?」を問わず、子どもも先生に「なぜ?」を問わない。そもそも学校で行われている活動自体に「なぜ?」がない。

私自身もかつては日本で日本の教育を受けてきた。だが、のちにフィンランドで長く暮らし、外交から教育の世界にいきなり飛び込んだものだから、日本の教育に触れることは再発見の連続だった。その最初の再発見が『「なぜ?」がない』だったのである。

例えば、最近の日本の学校では、子どもが自分の意見をしっかり言うことを重視している。意見を言う時は、必ず理由も言うようにと指導している。

では、なぜ自分の意見をしっかり言うことが大切なのか? なぜ意見を言う時は、必ず理由も言わなければならないのか?

改めて「なぜ?」と問われれば、いろいろな理由付けが可能であろう。社会に出たら自分の意見をしっかりと言わなければならないから。意見を言う時は理由も言わないと説得力が生まれないから——。

本当にそうか?

さらに問われると、多くの場合は「時と場合によるが……」などと留保を付けてしまう。日本社会の現実を考えればTPOは大切だ。理屈っぽいのも嫌われる。意見をしっかり言うことは大切だが、それは時と場合によるのである。

それはその通りだ。だが、自分の意見をしっかりと言うことの大切さは、そもそもTPOとは別次元の問題なのではないか?

留保を付けることなく、自分の意見をしっかり言うことの大切さを説くためには、突き詰めて「なぜ?」を考えなければならない。なぜ自分の意見をしっかり言うことが大切なのかを追究するのだ。こうして突き詰めて考えれば、やがて信念が生まれる。信念があれば、何があろうと自信をもって教えられるではないか。

とはいえ、信念などと堅いことを言わず、大量の留保を付けて曖昧さを維持することもまた、日本の奥ゆかしさなのだろう。これまではそれでよかったのかもしれない。だが、これからもそれでいいのだろうか?

現在の日本の教育は「生きる力」を育むことを主眼としている。「生きる力」とは、

「変化の激しいこれからの社会を生きる子どもたちに身に付けさせたい『確かな学力』『豊かな人間性』『健康と体力』の三つの要素からなる力」であるという。

確かに大切な力といえるだろう。だが、大切であるからこそ、突き詰めて「なぜ？」を問うことが必要なのである。「なぜ？」を突き詰めて信念を生み出してこそ、「変化の激しいこれからの社会」に揺るぐことなく対応できるからだ。頭ごなしに「大切だから大切なんだ」と言っているだけでは、揺るぎない対応は不可能だろう。

みんなで突き詰めて「なぜ？」を問う。「なぜ？」を追究することから、それぞれの先生がそれぞれの信念を得る。そして、信念をもって指導する。そうすれば、国際社会がどのように変化したとしても、日本の教育が揺らぐことはなくなるのではないか。

今回、「質問会議」（アクションラーニング）の清宮さんと対談することによって、改めて質問の大切さを教わった。問うことによって、問題を解きほぐす。問うことによって、みんなで考える。そして、みんなで解をつくっていく――質問によって導かれる思考のプロセスが手にとるようにわかった。それと同時に、私自身も対話における質問の重要性などと言っておきながら、質問そのものについて「なぜ？」と突き詰めたことがなかったことに気がついた。そのことに恥じ入るとともに、質問の意味を深く考える良い機会となったのである。

　また、この対談を通じて、現在ではビジネスの世界でも「学び」を重視していることを知った。私自身はビジネスとはまったく無縁な生活を送っているため、ビジネスといえば金もうけのことしか考えていないのかと思っていたのだが、大変な誤解であった。そのことにも恥じ入らなければなるまい。とはいえ、「学び」が学校と社会を一本道でつなぐものであり、「学び続ける人」こそ「変化の激しいこれからの社会」に対応できる人材であるという確信を得たことは、大きな収穫であった。
　本書が、読者にとって、「学び」の意味に改めて「なぜ?」と問いかける契機になれば幸甚である。

二〇〇九年六月　東京・武蔵野にて

対話流

未来を生みだすコミュニケーション

2009年 7 月30日　第1刷発行

著者　清宮 普美代・北川 達夫

発行者　株式会社 三省堂
代表者 八幡統厚

発行所　株式会社 三省堂
〒101-8371 東京都千代田区三崎町
2丁目22番14号
電話　03-3230-9411〔編集〕
03-3230-9412〔営業〕
振替口座　00160-5-54300
http://www.sanseido.co.jp/

印刷・製本　三省堂印刷株式会社

落丁本・乱丁本はお取り替えいたします
〈対話流・224pp.〉

ISBN978-4-385-36437-7